SMART

심화 재무관리

목 차

머리말

본서는 공인회계사(CPA) 1차 시험을 준비하는 수험생들이 공인회계사 2차 시험의 재무관리 주요 내용 및 문제를 공부하는데 도움을 주기 위한 책입니다. 본서의 목표는 CPA 1차 시험의 높은 난이도의 문제와 2차 시험의 중간 난이도 문제를 대비하기 위한 것입니다. 따라서 CPA 1차 시험을 합격하여 2차 시험을 준비하는 수험생은 'SMART 재무관리 연습'으로 준비하기 바랍니다.

본서는 재무관리 분야 중에서 CPA시험에서 출제비중이 큰 자본예산, 자본구조, 포트폴리오, 채권 및 옵션의 5개 분야에 대한 핵심내용 및 기출문제를 다루고 있습니다. 5개 분야는 CPA시험에서 출제비중이 90%이상이 되므로 시간이 부족한 1차 수험생들에게는 출제비중이 높은 5개 분야에 집중하는 것이 효율적이기 때문입니다. 본서에서 다루고 있는 기출문제들은 최근의 출제경향을 반영하여 난이도가 높은 CPA 1차 기출문제와 2차 시험에서 반드시 풀어야 할 2차 기출문제로 구성하고 있습니다.

최근 3년간 공인회계사 1차 및 2차 시험 재무관리 출제경향은 다음과 같습니다.

	CPA 2차			CPA 1차		
	2020	2019	2018	2020	2019	2018
자본예산	30	0	15	2	2	2
자본구조	15	15	15	3	2	1
포트폴리오	15	45	30	4	3	5
채권	15	25	0	2	4	2
옵션	30	0	45	3	3	3
합계	100점	85점	100점	14개	14개	13개
전체점수	100점	100점	100점	16개	16개	16개

최근 CPA 2차 재무관리의 출제경향은 5개 분야가 골고루 출제되는 경향이기 때문에 5개 분야를 반드시 정리하기 바랍니다. CPA 1차 시험 준비 중에 본서로 학습을 하고 CPA 1차 합격 후에는 'SMART 재무관리 연습'으로 학습을 한다면 효과적이고 효율적인 재무관리 수험준비가 될 것입니다. 본서가 수험생들의 합격에 큰 도움이 되기를 기원합니다.

2020년 7월

공인회계사/미국공인회계사/미국 재무분석사(CFA)

김용석.

시간은 누구에게나 평등하게 주어진 인생의 자본금이다.
이 자본금을 잘 이용한 사람이 승리한다.
– 아뷰난드 –

SMART

심화 **재무관리**

Chapter

01

자본예산

자본예산

 핵심이론

1 기업가치평가

1. 기업가치평가모형

$$V = \sum_{t=1}^{n} \frac{FCFF_t}{(1+wacc)^t} \leftarrow wacc = k_d \times (1-t) \times \frac{B}{V} + k_e \times \frac{S}{V}$$

- 이자비용 감세효과를 가중평균자본비용에 반영한다.
- 가중평균자본비용을 산출할 때 가중치는 장부가치가 아닌 시장가치기준이다.

2. 재무상태표의 재구성

자산 = 부채 + 자본(Equity)

자산 = 영업자산 + 비영업자산 (영업자산 = 유동자산 + 고정자산)

부채 = 영업부채 + 타인자본(Debt)

> ① 순운전자본(NWC: net working capital) = 유동자산 − 영업부채(유동부채)
> ② 투하자본(IC: invested capital) = 순운전자본(NWC) + 고정자산(FA: fixed assets)
> ③ 총자본(total capital) = 타인자본(Debt) + 자기자본(Equity) = 투하자본(IC) + 비영업자산

3. 손익계산서의 재구성

① 영업이익(EBIT) = 매출액 − 매출원가 − 판매비와 관리비 = 매출액 − 변동원가 − 고정원가

② 당기순이익(NI) = [영업이익(EBIT) − 이자비용(I)] × [1 − 법인세율(t)]

③ 세후영업이익(NOPAT) = EBIT × (1−t) = NI + I × (1−t)

④ EBITDA = EBIT + Dep(감가상각비 및 무형자산상각비)

4. 기업잉여현금흐름(FCFF: Free cash flow to the firm)

① 영업현금흐름(OCF) $=$ EBIT$(1-t)$ $+$ Dep $=$ EBITDA$(1-t)$ $+$ Dep $\times$ t

② 자본적 지출(CE) $=$ 고정자산 증가(ΔFA) $+$ 감가상각비(Dep)

③ 순운전자본지출(NWCE) $=$ 순운전자본 증가(ΔNWC)

④ FCFF $=$ OCF $-$ CE $-$ NWCE $=$ NOPAT $-$ 총자본 증가$(\Delta Capital)$

  $\Rightarrow$ 영구연금 FCFF $=$ NOPAT

5. 주주잉여현금흐름(FCFE: Free cash flow to equity)

채권자의 현금흐름 $=$ 세후이자비용$[(I \times (1-t)] -$ 타인자본 증가$(\Delta Debt)$

① FCFE $=$ FCFF $-$ 채권자의 현금흐름 $=$ NI $-$ 자기자본 증가$(\Delta Equity)$

  $\Rightarrow$ 영구연금 FCFE $=$ NI

② 자기자본가치 : $S = \sum_{t=1}^{n} \dfrac{FCFE_t}{(1+k_e)^t}$

6. 이자비용 감세효과를 기업잉여현금흐름에 반영하는 가치평가

FCFF* $=$ FCFF $+$ I$\times$t $\Rightarrow$ 영구연금 FCFF* $=$ NOPAT $+$ I$\times$t

$$V_0 = \sum_{t=1}^{n} \frac{FCFF^{*}_t}{(1+wacc^{*})^t} \leftarrow wacc^{*} = k_d \times \frac{B}{V} + k_e \times \frac{S}{V}$$

7. 경제적 부가가치(EVA : economic value added)

① $EVA_t = NOPAT_t - (IC_{t-1} \times wacc) = (ROIC_t - wacc) \times IC_{t-1}$

② 투하자본수익률 : $ROIC_t = \dfrac{NOPAT_t}{IC_{t-1}}$ (투하자본은 기초금액)

③ 시장부가가치 (market value added) : $MVA = \sum_{t=1}^{n} \dfrac{EVA_t}{(1+wacc)^t}$

④ 기업가치(V) $=$ IC $+$ MVA $+$ 비영업자산

2 투자안의 평가

1. 투자안의 현금흐름 원칙

① 현금흐름은 증분기준(incremental basis)으로 측정해야 한다.

⇨ 부수효과와 기회비용은 관련현금. 매몰원가는 비관련현금

② 할인율이 명목이자율이면 현금흐름도 명목현금흐름을, 할인율이 실질이자율이면 현금흐름은 실질현금흐름을 사용한다.

2. 투자안의 기업잉여현금흐름(FCFF)

① **투자시점**(t = 0)

$\Delta FCFF_0 = -(CE + NWCE) + 기존자산\ 세후처분금액$

기존자산 세후처분금액 = 처분가액(SV) − [처분가액(SV) − 장부금액(BV)] × 세율(t)

② **투자기간**(t = 1~t = n-1)

$\Delta FCFF_t = \Delta EBIT_t \times (1 - t) + \Delta Dep_t - (\Delta NWC_t)$

③ **투자종료시점**(t = n)

$\Delta FCFF_n = \Delta OCF_n - \Delta NWC_n + 신규투자안\ 세후처분금액$

신규투자안 세후처분금액 = 처분가액(SV) − [처분가액(SV) − 장부금액(BV)] × 세율(t)

⇨ 매년 OCF가 일정한 경우 투자시점의 순운전자본은 투자종료시점에서 전액 회수된다.

3. 순현재가치(NPV: net present value)

$$NPV = \sum_{t=1}^{n} \frac{\Delta FCFF_t}{(1 + wacc)^t} - \Delta FCFF_0$$

4. 내부수익률(IRR: internal rate of return)

$$\sum_{t=1}^{n} \frac{\Delta FCFF_t}{(1 + IRR)^t} = \Delta FCFF_0$$

(5) 수익성지수법(PI : profitability index)

$$PI = 1 + \frac{NPV}{\Delta FCFF_0}$$

3 위험조정할인율 접근법

1. 목표자본구조를 아는 경우 (무위험부채)

① 대용기업(proxy)을 이용하여 투자안의 영업베타 : $\beta^U = \dfrac{\beta^L_{proxy}}{[1 + (1-t) \times \dfrac{B_{proxy}}{S_{proxy}}]}$

② 목표자본구조를 반영한 투자안의 베타 : $\beta^L = \beta^U \times [1 + (1-t)\dfrac{B}{S}]$

③ 목표자본구조를 반영한 투자안의 자본비용

$k_e = R_f + (E(R_m) - R_f) \times \beta^L \implies wacc = k_d(1-t) \times \dfrac{B}{V} + k_e \times \dfrac{S}{V}$

④ 투자안의 순현재가치 및 의사결정

2. 목표자본구조를 아는 경우 (위험부채)

① 대용기업(proxy)을 이용하여 투자안의 영업베타

② 목표자본구조를 반영한 투자안의 베타 : $\beta^L = \beta^U + (\beta^U - \beta_B)(1-t)\dfrac{B}{S}$ (β_B : 부채베타)

③ 목표자본구조를 반영한 투자안의 자본비용

$k_e = R_f + (E(R_m) - R_f) \times \beta^L \quad k_d = R_f + [E(R_m) - R_f] \times \beta_B \implies wacc = k_d(1-t) \times \dfrac{B}{V} + k_e \times \dfrac{S}{V}$

④ 투자안의 순현재가치 및 의사결정

3. 조달레버리지를 아는 경우

① 대용기업(proxy)을 이용하여 투자안의 영업베타

② 전액 자기자본으로 조달하는 경우의 자본비용 : $\rho = R_f + (E(R_m) - R_f) \times \beta^U_{project}$

③ 기본 NPV $= -\Delta FCFF_0 + \displaystyle\sum_{t=1}^{n} \dfrac{\Delta FCFF_t}{(1+\rho)^t}$

④ 이자비용 감세효과 $= \displaystyle\sum_{t=1}^{n} \frac{I \times 세율}{(1+k_d)^t}$

⑤ APV(조정현가) = 기본NPV + 이자비용감세효과

4. 주주현금흐름접근법

① 대용기업(proxy)을 이용한 투자안의 영업베타

② 목표자본구조를 반영한 투자안의 베타 : $\beta^L = \beta^U \times [1 + (1-t)\frac{B}{S}]$

③ 목표자본구조를 반영한 투자안의 자기자본비용 : $k_e^L = R_f + (E(R_m) - R_f) \times \beta^L$

④ 투자안의 순현재가치 : $NPV = -\Delta FCFE_0 + \displaystyle\sum_{t=1}^{n} \frac{\Delta FCFE_t}{(1+k_e^L)^t}$

4 확실성등가 접근법

1. 확실성등가를 이용한 투자 의사결정

확실성 등가는 위험이 제거된 현금흐름이므로 무위험이자율로 할인하여 NPV를 구한다.

$$NPV = -\Delta FCFF_0 + \sum_{t=1}^{n} \frac{\Delta CEQ_t}{(1+R_f)^t}$$

2. 확실성등가계수

① 확실성 등가계수(α)

기대현금흐름과 확실성등가와의 비율인 확실성 등가계수를 위험조정할인율과 무위험이자율의 비율을 이용하여 구한다. $\Rightarrow \alpha_t = (\frac{1+R_f}{1+wacc})^t \ (0 < \alpha < 1)$

② 확실성등가 (CEQ)

확실성등가는 기대현금흐름에 확실성등가계수를 곱하여 측정한다.

$\Delta CEQ_t = \Delta E(FCFF_t) \times \alpha_t$

3. 위험중립확률(p)

이항분포 모형의 위험중립확률(p)를 이용하여 확실성 등가를 측정

$p = \dfrac{1+R_f-d}{u-d} \Rightarrow CEQ = FCFF_u \times p + FCFF_d \times (1-p)$

연습문제

문제 1

(2012, 1차)

다음 재무제표를 이용하여 다음 각 물음에 답하시오. 단, 자산과 유동부채는 영업용이고 법인세율은 25%이다.

재무상태표

	당기	전기
유동자산	100	85
비유동자산	200	165
자산총계	300	250
유동부채	50	40
비유동부채	120	110
자본	130	100
부채및자본총계	300	250

손익계산서

매출액	500
변동영업비	220
고정영업비	180
감가상각비	24
영업이익	76
이자비용	12
세전이익	64
법인세	16
당기순이익	48

(1) 영업현금흐름은 얼마인가?

(2) 자본적지출은 얼마인가?

(3) 순운전자본지출은 얼마인가?

(4) 기업잉여현금흐름은 얼마인가?

해 설

(1) $OCF = NOPAT + Dep = 76 \times (1 - 0.25) + 24 = 81$

(2) $CE = \Delta FA + Dep = (200 - 165) + 24 = 59$

(3) $NWCE = (100 - 50) - (85 - 40) = 5$

(4) $FCFF = OCF - (CE + NWCE) = 81 - (59 + 5) = 17$ 또는

$\quad FCFF = NOPAT - \Delta C = 76 \times (1 - 0.25) - (300 - 50) - (250 - 40) = 17$

문제 2

미래기업은 유아완구업에 진출할 계획이다. 부채를 조달하지 않고 투자하면 자본비용은 20%이다. 미래기업은 부채수준을 시장가격으로 부채비율(=부채/자기자본)이 100%가 되도록 할 예정이다. 이 경우 주주와 채권자에게 귀속되는 현금흐름은 이자비용으로 인한 법인세 절감효과를 포함하여 매년 9억원씩 무한히 발생할 것으로 기대된다. 부채에 대한 이자율은 10%이며 법인세율은 40%이다. 또한 무위험이자율은 10%이며 MM명제가 성립함을 가정한다.

(1) 미래업의 현금흐름 9억원에 대한 할인율은 얼마인가?

(2) 미래업의 주주가 이 투자를 통해서 얻게 되는 가치의 증가분은 10억원이다. 이 기업의 장부가격 기준의 부채비율은 얼마인가?

해설

(1) 현금흐름 9억원에 이자비용으로 인한 감세효과가 포함되어 있기 때문에 가중평균자본비용을 산출할 때 타인자본비용은 이자비용 감세효과를 반영하지 않은 세전이자율(k_d)을 사용해야 한다.

MM 2명제를 이용한 자기자본비용

$$k_e^L = \rho + (\rho - k_d)(1-t)\frac{B}{S} = 20 + (20-10)(1-0.4) \times 1 = 26\%$$

이자비용 감세효과가 반영되지 않은 가중평균자본비용

$$wacc = k_d \times \frac{B}{V} + k_e \times \frac{S}{V} = \frac{1}{2} \times 10 + \frac{1}{2} \times 26 = 18\%$$

(2) $NPV = \dfrac{9}{0.18} - C_0 = 10$ ⇨ 투자비용 $C_0 = 40$(억원)

시가기준 부채비율 100%이므로 부채 25억원, 자기자본 25억원

장부가기준 부채 25억원, 자기자본 10억원(=40억원−25억원)

장부기준의 부채비율 $= \dfrac{25}{15} = 167\%$

K기업은 새로운 투자안을 발굴하기 위해서 컨설팅비용으로 50만원을 지출하였다. 이 기업은 내용연수가 3년인 기계설비를 도입하는 투자안을 순현가(NPV)법으로 평가하고자 한다. 3,000만원인 기계설비의 구입비용은 투자시작 시점(t=0)에서 전액 지출되며, 이 기계설비는 내용연수 동안 정액법으로 전액 감가상각되고, 투자안의 종료시점(t=3)에서 500만원에 처분될 것으로 예상된다. 이 기계설비를 도입하면 매년(t=1~t=3) 매출과 영업비용(감가상각비 제외)이 각각 2,000만원과 500만원 발생한다. 순운전자본은 투자시작 시점에 300만원 투하되고, 투자안이 종료되는 시점에서 전액 회수된다. 법인세율은 30%이고 투자안의 할인율은 10%이다.

단, 연 1회 복리를 가정하고, PVIF(10%, 3)=0.7513, PVIFA(10%, 3)=2.4868이다.

(1) 매년 영업현금흐름은 얼마인가?
(2) 투자종료시점의 현금흐름은 얼마인가?
(3) 이 투자안의 순현가는 얼마인가?

해 설

(1) 영업현금흐름

EBIT = 2,000 − 500 − 1,000 = 500

OCF = EBIT(1−t) + Dep = 500 × 0.7 + 1000 = 1,350만원

(2) 투자종료시점의 현금흐름

FCFF = OCF − CE − NWCE

= 1350 + 500 × (1−0.3) + 300 = 2,000만원

(3) 투자안의 순현가

NPV = −3300 + 1350 × 2.4868 + 650 × 0.7513 = 546만원

문제 4

가나기업은 기존의 기계설비를 새로운 기계설비로 교체할 것을 고려하고 있다. 기존의 기계설비는 3년 전 3,000만원에 취득했으며 구입 시 내용연수는 5년이고, 내용연수 종료시점에서의 잔존가치와 매각가치는 없으며 현재 매각 시 1,000만원을 받을 수 있는 것으로 추정된다. 내용연수가 2년인 새 기계설비의 구입비용은 2,000만원이며 내용연수 종료시점에서의 잔존가치는 없는 것으로 가정하고 감가상각을 할 예정이나 실제로는 내용연수 종료시점에서 500만원의 매각가치를 가질 것으로 예상하고 있다. 기존의 기계설비를 사용하는 경우에 기계설비 관련 연간 매출액은 1,500만원, 현금영업비용은 700만원이고, 새로운 기계설비를 사용하는 경우 향후 2년간 기계설비 관련 연간 매출액은 1,900만원, 현금영업비용은 600만원일 것으로 추정된다. 새 기계설비를 사용하게 될 경우 교체시점에서 1,000만원의 순운전자본이 추가되며 내용연수 종료시점에서 전액 회수된다.

가나기업은 감가상각방법으로 정액법을 사용하고 있으며 가나기업의 법인세율은 30%이다. 기계설비 매각대금 및 이에 관련된 처분손익의 법인세 효과는 매각시점에서 즉시 실현된다고 가정한다. 새로운 기계설비를 도입할 경우 매년의 증분잉여현금흐름은 얼마인가?

해 설

(1) 증분 영업현금흐름

증분 감가상각비 = 2,000/2년 − 3,000/5년 = 400만원

증분 영업이익 = (1,900 − 1,500) − (600 − 700) − 400 = 100만원

증분 영업현금흐름 = 100 × (1 − 0.3) + 400 = 470만원

(2) 고정자산 현금흐름

기존 기계설비 매각금액 = 1,000 + (1,200 − 1,000) × 0.3 = 1,060만원

새 기계설비 매각금액 = 500 + (500 − 0) × 0.3 = 350만원

(3) 투자안의 증분잉여현금흐름

$\Delta FCFF_0 = -2,000 + 1,060 - 1,000 = -1,940$만원

$\Delta FCFF_1 = +470$만원

$\Delta FCFF_2 = 350 + 1000 + 470 = +1,820$만원

㈜가나는 기존 사업과 동일한 위험을 가지고 있는 신규사업 A(투자수명 2년)를 시작하려고 하며 부채비율(부채/자기자본)은 기존의 부채비율인 1을 항상 유지할 계획이다. 신규사업 A를 위해 구입해야 하는 내용연수가 2년인 새 기계는 10억원이고, 정액법으로 감가상각되며 잔존가치는 없다. 신규사업 A로 인해, 향후 2년간 연간 매출액은 60억원, 감가상각비를 제외한 연간 영업비용은 25억원 증가할 것으로 추정된다. 마케팅 비용은 시작 시점(t=0)에서 한 번 10억원이 발생하며 신규사업과 관련된 순운전자본의 증감은 없다. ㈜가나의 세전타인자본비용은 6%, 자기자본비용은 10%, 법인세율은 20%이다. 영업위험만 반영된 베타는 1이고 시장포트폴리오의 기대수익률은 8%이며, CAPM이 성립한다.

(1) 가중평균자본비용(WACC)법을 이용하여 신규사업 A의 순현재가치(NPV)를 구하시오.

(2) t=0에서 증분 기준으로 자산, 부채, 자기자본의 크기는 얼마인가?

(3) t=1에서 이자지급 후 남아 있는 증분 기준 부채 잔액은 얼마인가?

(4) 이자비용 절세효과의 현재가치는 얼마인가?

해설

(1) 신규사업 A의 순현재가치

$$wacc = 6 \times (1-0.2) \times 0.5 + 10 \times 0.5 = 7.4\%$$

$$\triangle OCF = (60-25) \times (1-0.2) + 5 \times 0.2 = 29$$

$$NPV = -10 - 10 \times (1-0.2) + \frac{29}{1.074^1} + \frac{29}{1.074^2} = 34.14억원$$

(2) 투자시점에서의 자산, 부채, 자기자본의 가치

$$V_0 = \frac{29}{1.074^1} + \frac{29}{1.074^2} = 52.14억원$$

$$B_0 = 0.5 \times V_0 = 0.5 \times 52.14 = 26.07억원$$

$$S_0 = 0.5 \times V_0 = 0.5 \times 52.14 = 26.07억원$$

(3) 투자 1년 후 시점에서의 부채의 가치

$$V_1 = \frac{29}{1.074^1} = 27 \rightarrow B_1 = 0.5 \times V_1 = 0.5 \times 27 = 13.5억원$$

(4) 이자비용 절세효과의 현재가치

$$\frac{0.06 \times 26.07 \times 0.2}{1.06^1} + \frac{0.06 \times 13.5 \times 0.2}{1.06^2} = 0.4393억원$$

(2012, 2차)

AAA기업은 3,000만원이 소요되는 설비를 도입하는 프로젝트를 고려하고 있다.

① 설비의 수명은 3년이고 잔존가치는 300만원이며 정액법으로 상각한다.

② 설비를 도입한 후에 예상되는 매출증가는 다음과 같으며 모두 현금으로 발생한다.

	1차년도	2차년도	3차년도
매출증가	2,800만원	3,600만원	4,000만원

③ 매출증가에 필요한 변동비용은 매출액의 65%이며 모두 현금으로 지불된다.

④ 매출증가에 필요한 고정비용에는 설비의 감가상각비만 있다.

⑤ 법인세율은 25%이고 투하자본에 대한 기대수익률은 12%이다.

(1) 프로젝트의 증분현금흐름을 연도별로 계산하고 이를 이용해서 프로젝트의 순현재가치를 계산하시오.

(2) 프로젝트의 경제적 부가가치(economic value added)를 연도별로 계산하고 이를 이용해서 프로젝트의 순현재가치를 계산하시오.

해설

(1) 기업잉여현금흐름을 이용한 가치평가

$\Delta FCFF_0 = -3,000$만원

$\Delta FCFF_1 = (2,800 \times 0.35 - 900) \times 0.75 + 900 = 960$만원

$\Delta FCFF_2 = (3,600 \times 0.35 - 900) \times 0.75 + 900 = 1,170$만원

$\Delta FCFF_3 = (4,000 \times 0.35 - 900) \times 0.75 + 900 + 300 = 1,575$만원

$NPV = -3,000 + \dfrac{960}{1.12^1} + \dfrac{1170}{1.12^2} + \dfrac{1575}{1.12^3} = -89.1$만원

(2) 경제적 부가가치를 이용한 가치평가

$EVA_t = NOPAT_t - (IC_{t-1} \times wacc)$

$EVA_1 = (2,800 \times 0.35 - 900) \times 0.75 - (3,000 \times 12\%) = -300$만원

$EVA_2 = (3,600 \times 0.35 - 900) \times 0.75 - (2,100 \times 12\%) = 18$만원

$EVA_3 = (4,000 \times 0.35 - 900) \times 0.75 - (1,200 \times 12\%) = 231$만원

$NPV = MVA = \dfrac{-300}{1.12^1} + \dfrac{18}{1.12^2} + \dfrac{231}{1.12^3} = -89.1$만원

미래기업은 100억원을 자기자본으로 조달해서 건물임대업을 시작하였다. 이를 위해 70억원의 건물을 구입하였으며 임대료수입은 연 21억원으로 예상된다. 임대료수입의 수익률분산은 종합주가지수 수익률분산의 4배이고 두 수익률 간의 상관계수는 0.5이다. 한편, 이 기업은 나머지 30억원을 다음과 같이 투자하였다.

① 10억원은 5년만기 국채에 투자하였다. 이 채권의 만기수익률은 10%이다.

② 20억원은 종합주가지수연동형펀드에 투자하였다. 이 펀드의 수익률은 향후 20%로 계속 유지될 것으로 예상된다.

세금은 없다고 가정하여 이 기업의 EVA, MVA, 기업가치를 구하라.

해설

(1) 투자안의 베타

$$\sigma_i^2 = 4\sigma_m^2 \rightarrow \sigma_i = 2\sigma_m$$

$$\beta_i = \frac{\sigma_{im}}{\sigma_m^2} = \frac{\rho_{im}\sigma_i}{\sigma_m} = \frac{0.5 \times 2\sigma_m}{\sigma_m} = 1$$

(2) 기중평균자본비용

무부채이며 베타가 1이므로 wacc은 시장포트폴리오 수익률과 동일

$$wacc = \rho = E(R_m) = 20\%$$

(3) 경제적 부가가치

$$EVA = NOPAT - IC \times wacc$$
$$= 21 - 70 \times 20\% = 7억원$$

(4) 시장부가가치

$$MVA = \sum_{t=1}^{n} \frac{EVA_t}{(1+wacc)^t} = \frac{7}{0.2} = 35 \text{ 억원}$$

(5) 기업가치

$$V = IC + MVA + \text{비영업자산}$$
$$= 70 + 35 + 30 = 135억원$$

⇨ 국채10억원과 펀드20억원은 비영업자산이다.

문제 8

다음과 같은 투자계획이 주어졌다. 총투자액은 10,000으로 투자시작 시점에서 모두 투자되며, 10년에 걸쳐 사업이 진행된다. 투자액은 10년에 걸쳐 정액법으로 감가상각되며 투자종료 시점에서의 잔존가치 및 매각가치는 없다. 또한 매년 동일한 연간 판매 대수를 가정한다. 제품생산과 판매에 관하여 다음의 사항이 주어졌다.

대당 판매가격(sales price per unit)	70
대당 변동비(variable cost per unit)	30
연간 총 고정비(total fixed cost) (감가상각비 제외)	1,500
세 율	40%
자본비용	12%

1년 후부터 10년 동안 매년 1의 현금흐름을 제공하는 연금을 연 12%의 할인율로 할인했을 때의 현가는 5.65이다.

(1) 연간 예상판매대수가 120일 경우 이러한 투자계획의 순현가(NPV)는 얼마인가?

(2) 영업이익을 0으로 만드는 회계손익분기점의 연간판매대수는 몇 대인가?

(3) 순현가를 0으로 만드는 재무손익분기점의 연간판매대수는 몇 대인가?

해설

(1) 투자계획의 순현가(NPV)

증분 EBITDA = 120대 × (70 − 30) − 1,500 = 3,300

증분 감가상각비 = 10,000/10년 = 1,000

증분 OCF = (3,300 − 1,000) × 0.6 + 1,000 = 2,380

NPV = −10,000 + 2,380 × 5.65 = 3,447

(2) 회계손익분기점

EBIT = Q × 40 − 1,500 − 1,000 = 0 ⇨ Q = 62.5대

(3) 재무손익분기점

NPV = −10,000 + OCF × 5.65 = 0 ⇨ OCF = 1,770

OCF = (Q × 40 − 2,500) × 0.6 + 1,000 = 1,770 ⇨ Q = 94.6대

문제 9

㈜버젯은 내용연수가 3년인 기계를 구입하려고 한다. 이 기계는 정액법으로 상각되 며, 3년 후 잔존가치는 없지만 처분가치는 1,000만원으로 예상된다. 이 기계를 도입할 경우(t=0), 향후 3년 동안(t=1~t=3) 매년 6,000만원의 매출액과 3,000만원의 영업비용(감가상각비 제외)이 발생한다. 자본비용은 10%이고 법인세율은 30%이다. 순현가(NPV)법으로 투자안을 평가할 경우, ㈜버젯이 기계 구입비용으로 지불할 수 있는 최대금액은 얼마인가?
(단, PVIFA(10%,3)=2.4869, PVIF(10%,3)=0.7513)

해설

기계 구입비용 $= C$

$OCF = (6,000-3,000) \times (1-0.3) + \dfrac{C}{3} \times 0.3 = 2,100 + 0.1 \times C$

$\text{NPV} = -C + (2,100 + 0.1 \times C) \times 2.4869 + 1,000 \times (1-0.3) \times 0.7513 \geq 0$

$\rightarrow C \leq 7,651$만원

문제 10 (2018, 1차)

㈜남산은 초기투자액이 3,000억원이며, 매년 360억원의 영업이익이 영구히 발생하는 신규 사업을 고려하고 있다. 신규 사업에 대한 목표부채비율(B/S)은 150%이다. 한편 대용기업으로 선정된 ㈜충무의 부채비율(B/S)은 100%이고 주식베타는 1.44이다. ㈜남산과 ㈜충무의 부채비용은 무위험이자율이다. 시장기대수익률은 10%, 무위험이자율은 2%, 법인세율은 40%이다. 신규 사업의 순현가는 얼마인가?

해설

(1) 투자안의 영업베타 결정

$$\beta^L = \beta^U[1+(1-t)\frac{B}{S}] \Rightarrow 1.44 = \beta^U \times [1+(1-0.4)\times 1] \rightarrow \beta^U = 0.9$$

(2) 투자안의 베타 결정

$$\beta^L = \beta^U[1+(1-t)\frac{B}{S}] = 0.9 \times [1+(1-0.4)\times 1.5] \rightarrow \beta^L = 1.71$$

(3) 투자안의 자기자본비용

$$k_e = R_f + (E(R_m)-R_f)\times \beta^L = 2+(10-2)\times 1.71 = 15.68\%$$

(4) 투자안의 가중평균자본비용

$$wacc = k_d(1-t)\times \frac{B}{V}+k_e\times \frac{S}{V} = 2\times(1-0.4)\times 0.6+15.68\times 0.4 = 6.99\%$$

(5) 투자안의 순현가

$$NPV = -3,000+\frac{360\times(1-0.4)}{0.0699} = 89.24 \text{ 억}$$

문제 11

무부채기업인 A기업과 B기업의 시장가치는 각각 200억원, 300억원이고, 주식베타는 각각 1.5, 1.1이다. 두 기업은 합병하며 시너지는 발생하지 않는다. 합병기업은 위험부채를 발행하고 자사주를 매입하여 부채비율(부채/자기자본)이 150%가 되도록 자본구조를 변경할 계획이다. 위험부채의 베타는 0.3, 무위험이자율은 5%, 시장포트폴리오의 기대수익률은 10%, 법인세율은 30%이다. 합병기업의 자기자본비용 및 가중평균자본비용은 얼마인가? 단, CAPM 및 MM의 수정이론(1963)이 성립한다고 가정한다.

해설

(1) 합병기업의 영업베타

$$\beta_{AB}^U = \beta_A^U \times \frac{S_A}{S_{AB}} + \beta_B^U \times \frac{S_B}{S_{AB}} = 1.5 \times 200/500 + 1.1 \times 300/500 = 1.26$$

(2) 합병기업의 주식베타

위험부채이므로 부채베타가 존재하는 하마다모형을 사용한다.

$$\beta^L = \beta^U + (\beta^U - \beta^B)(1-t)\frac{B}{S} = 1.26 + (1.26 - 0.3)(1 - 0.3) \times 1.5 = 2.268$$

(3) 합병기업의 자기자본비용

$$k_e = R_f + (E(R_m) - R_f) \times \beta^L = 5 + (10 - 5) \times 2.26 = 16.34\%$$

(4) 합병기업의 타인자본비용

$$k_d = R_f + (E(R_m) - R_f) \times \beta_B = 5 + (10 - 5) \times 0.3 = 6.5\%$$

(5) 합병기업의 가중평균자본비용

B/S = 1.5 ⇨ B/V = 0.6

$$wacc = k_d(1-t) \times \frac{B}{V} + k_e \times \frac{S}{V} = 6.5 \times (1 - 0.3) \times 0.6 + 16.34 \times 0.4 = 9.27\%$$

(2009. 2차)

이동통신사업을 무부채로 경영해오고 있던 ABC기업은 새로운 이동통신 콘텐츠사 업을 담당할 자회사 설립을 고려하고 있다. 해당 자회사의 설립에는 90억원이 소요되 고, 설립 첫해에는 20억원의 세전영업이익이 발생한 후 매년 2%씩 영속적으로 늘어나며, 감가상각비는 없을 것으로 예상된다. 동종 콘텐츠회사인 XYZ기업의 경우 주식베타가 1.92이며, 부채비율(타인자본/자기자본)은 200%이다. 무위험이자율은 10%, 시장위험프리미엄은 10%, 그리고 법인세율은 30%이다.

(1) ABC기업이 100% 주식발행만으로 자회사 설립을 고려할 경우, 순현가(NPV)를 이용하여 해당 투자안의 경제성을 평가하시오.

(2) ABC기업은 자회사 설립시 투자액의 1/3을 무위험부채를 통해 조달하고, 나머지는 주식으로 조달하려고 한다. 투자안의 경제성을 조정현가(APV)법을 이용하여 평가하시오.

(3) ABC기업은 모든 투자안에 대해 18%의 필수수익률(cut-off rate)을 요구한다고 하자. 자회사 설립 투자안에 대한 내부수익률(internal rate of return)을 구하고, 투자여부를 판단하시오.

해 설

(1) ① XYZ기업의 주식베타를 이용한 영업베타의 결정

$$\beta_S^L = \beta_S^U \times \left[1 + (1-t) \times \frac{B}{S} \right] \Rightarrow 1.92 = \beta_S^U \times [1 + (1-0.3) \times 2] \Rightarrow \beta_S^U = 0.8$$

② 무부채 투자안의 가중평균자본비용의 결정

$$\rho = R_f + (E(R_m) - R_f) \times \beta^U = 10\% + 10\% \times 0.8 = 18\%$$

③ 투자안의 순현가

$$NPV = \frac{EBIT(1-t)}{wacc - g} - C_0 = \frac{20 \times (1-0.3)}{0.18 - 0.02} - 90 = (-)2.5억$$

(2) $APV = NPV_u + B \times t = -2.5 + 90 \times 1/3 \times 0.3 = 6.5억원$

(3) $C_0 = \dfrac{EBIT(1-t)}{IRR - g} \Rightarrow 90 = \dfrac{20(1-0.3)}{IRR - 0.02} \Rightarrow IRR = 17.56\%$

문제 13

(주)한강은 내용연수가 1년이고 현재 시점에서 60억원의 투자금액이 소요되는 투자안을 가지고 있다. 투자안의 1년 후 현금흐름의 연간 수익률에 대한 확률분포는 다음과 같다.

상황	확률	투자안의현금흐름
불황	50%	30억원
호황	50%	200억원

연간 무위험수익률은 5%이다.
투자안의 확실성등가를 100억원으로 가정하고 각 물음에 답하시오.

(1) 투자안의 NPV를 계산하시오.
(2) 투자안의 위험조정할인율을 계산하시오.
(3) 경제상황이 호황이 될 위험중립확률을 구하시오.

해설

(1) $NPV = -CF_0 + \dfrac{CEQ_1}{(1+R_f)^1} = -60 + \dfrac{100}{1.05} = 35.24억원$

(2) $\dfrac{CEQ_1}{(1+R_f)^1} = \dfrac{E(CF_1)}{(1+k_e)^1} \rightarrow \dfrac{100}{1.05} = \dfrac{115}{1+k} \Rightarrow k = 20.75\%$

(3) $CEQ = CF_u \times p + CF_d \times (1-p)$

$100억 = 200억 \times \rho + 30억 \times (1-\rho) \Rightarrow \rho = 0.4118$

(2013. 2차)

㈜우리는 부채비율(타인자본가치/기업가치) 40%를 목표부채비율로 설정하여 유지하고 있으며, 채권 베타는 0이고 주식 베타는 1.4이다. 회사는 매년 영업활동에서 세전현금흐름 405억원을 창출하고 있으며 이러한 상태가 영원히 지속될 것으로 전망된다. 채권에 지급하는 이자율은 채권에 대한 기대수익률과 동일하다. 법인세율 25%, 무위험수익률 4%, 시장기대수익률 9%이다. 이외에는 CAPM과 MM자본구조이론이 성립한다고 가정한다.

(1) 가중평균자본비용을 이용해서 계산한 ㈜우리의 기업가치는 얼마인가?

(2) ㈜우리가 부채를 이용하지 않고 자기자본만으로 사업한다면 기업가치는 얼마가 되는가?

(3) 가치평가에서는 부채를 이용하는 효과를 할인율에 반영하지 않고 현금흐름에 반영할 수도 있다. 이러한 접근법을 ㈜우리에 적용하면 현금흐름, 할인율, 기업가치는 얼마가 되는가?

(4) ㈜우리의 세전현금흐름 405억원은 다음과 같은 두 가지 상황의 기대치이다.

경기상황	확률	세전현금흐름
호황	50%	650억원
불황	50%	160억원

이러한 현금흐름의 확실성등가를 계산하고 이를 이용해서 기업가치를 계산하라.

해 설

(1) 이자비용 감세효과를 할인율에 반영하는 방법의 가치평가

$k_e^L = 4 + (9-4) \times 1.4 = 11\%, \ k_d = 4\%$

$k_0^L = 4 \times (1-0.25) \times 0.4 + 11 \times 0.6 = 7.8\%$

$V_L = \dfrac{EBIT(1-t)}{k_0^L} = \dfrac{405 \times (1-0.25)}{0.078} = 3,894억$

(2) MM 1명제를 이용한 무부채기업의 가치평가

$3,894 = V_u + 0.25 \times 0.4 \times 3,894 \ \Rightarrow \ V_u = 3,505억$

(3) 이자비용 감세효과를 현금흐름에 반영하는 방법의 가치평가

$k_0^L = 4 \times 0.4 + 11 \times 0.6 = 8.2\%$

$I = B \times k_d = 3,894 \times 0.4 \times 4\% = 62.3억$

$EBIT(1-t) + I \times t = 405 \times (1-0.25) + 62.3 \times 0.25 = 319.3억$

$V_L = \dfrac{319.3}{0.082} = 3,894억$

(4) 확실성 등가를 이용한 가치평가

$$CEQ_t = E(CF_t) + \left[\frac{1+R_f}{1+wacc}\right]^t \rightarrow CEQ_1 = 405 \times (1-0.25) \times \left[\frac{1.04}{1.078}\right]^1 = 293.04$$

$$V_L = \frac{293.04}{0.04 - \left(\frac{1.04}{1.078} - 1\right)} = 3.894억$$

㈜민국은 신형기계를 도입하기로 하고 A형 기계와 B형 기계 두 기종을 검토 중이다. A형 기계의 구입원가는 10억원이고 매년 1억원의 유지비가 소요되며 수명은 2년이다. 한편 B형 기계는 구입원가가 14억원이고 매년 7천만원의 유지비가 소요되며 수명은 3년이다. 매년 두 기계로부터 얻는 미래 현금유입이 동일하며 일단 특정기계를 선택하면 그 기계로 영구히 교체해서 사용해야 한다. 현금흐름이 실질현금흐름이고 실질 할인율이 12%일 A형 기계와 B형 기계의 등가연금비용(equivalent annual cost)은 각각 얼마인가?

해설

(1) A형 기계의 등가연금비용

$$10억 + \frac{1억}{1.12} + \frac{1억}{1.12^2} = 11.69억 = \frac{EAC}{1.12} + \frac{EAC}{1.12^2} \Rightarrow EAC = 6.9억$$

(2) B형 기계의 등가연금비용

$$14억 + \frac{0.7억}{1.12} + \frac{0.7억}{1.12^2} + \frac{0.7억}{1.12^3} = 15.68억 = \frac{EAC}{1.12} + \frac{EAC}{1.12^2} + \frac{EAC}{1.12^3} \Rightarrow EAC = 6.5억$$

SMART

심화 **재무관리**

Chapter

02

자본구조

자본구조

 핵심이론

1 MM이론

1. MM이론의 기본가정

	무부채기업 (U)	부채기업 (L)
기업현금흐름	$EBIT \times (1-t) = NOPAT$	
주주현금흐름	$EBIT \times (1-t)$	$(EBIT - I) \times (1-t)$
베타	β^U	$\beta^L = \beta^U \times [1 + (1-t) \times \frac{B}{S}]$
자기자본비용	$\rho = R_f + [E(R_m) - R_f] \times \beta^U$	$k_e^L = R_f + [E(R_m) - R_f] \times \beta^L$
가중평균자본비용	ρ	$k_0^L = k_d(1-t) \times \frac{B}{V} + k_e^L \times \frac{S}{V}$
기업가치 (V)	$V_U = \dfrac{EBIT(1-t)}{\rho}$	$V_L = \dfrac{EBIT(1-t)}{k_o^L}$
자기자본가치 (S)	$S_U = \dfrac{EBIT(1-t)}{\rho}$	$S_L = \dfrac{(EBIT - I)(1-t)}{k_e^L}$
부채가치 (B)	해당사항 없음	$B = \dfrac{I}{k_d}$

- 동질적 위험집단 : 영업이익과 영업위험은 동일하지만 자본구조만 다른 기업들이 존재
- 자가 레버지리: 개인이 부채를 사용할 때 기업과 동일한 조건으로 사용 가능
- 무위험부채 : 타인자본비용은 무위험이자율

2. MM 무관련이론 (1958년)

1958년 MM이론은 세금과 거래비용이 없는 완전자본시장을 가정

(1) 제1명제 : $V_L = V_U$

기업가치는 자본구조와 관계없이 결정된다.

(2) 제2명제 : $k_e^L = \rho + (\rho - k_d)\dfrac{B}{S}$

레버리지 증가에 의하여 자기자본비용은 상승한다.

(3) 제3명제 : $k_o^L = \rho$

새로운 투자안의 할인율은 자금조달방법과 무관하다.

3. MM 수정이론 (1963년)

1963년 MM수정이론은 법인세가 존재하며, 다른 불완전요인은 없다고 가정

(1) 제1명제 : $V_L = V_U + B \times t$

부채기업의 기업가치는 무부채기업의 기업가치보다 이자비용감세효과 만큼 더 크다.

(2) 제2명제 : $k_e^L = \rho + (\rho - k_d)(1 - t)\dfrac{B}{S}$

레버리지 증가에 의하여 자기자본비용은 상승한다.

(3) 제3명제 : $k_0^L = \rho \times (1 - t \times \dfrac{B}{V})$

새로운 투자안의 자본조달은 부채로 조달하는 것이 더 유리하다.

4. 차익거래

⟨투자전략 1⟩

투자자가 L기업의 주식 100%를 매입

	현재시점 현금흐름	연간미래현금흐름
L기업주식 매입	$-S_L$	$(EBIT - I)(1 - t)$

⟨투자전략 2⟩

투자자가 U기업의 주식 100%를 매입하고, B(1-t)금액을 차입

	현재시점 현금흐름	연간미래현금흐름
U기업주식 매입	$-S_U$	$EBIT(1 - t)$
차 입	$+B(1 - t)$	$-I(1 - t)$
합 계	$-S_U + B(1 - t)$	$(EBIT - I)(1 - t)$

투자전략 1과 투자전략 2의 연간 미래현금흐름이 같다.

따라서 일물일가의 법칙에 의하여 두 전략의 투자비용은 같아야 한다.

2 Miller 균형부채이론

1. 레버리지이득(G)과 기업가치

$$V_L = V_U + B \times G \ \leftarrow \ G = B \times \left[1 - \frac{(1-t)(1-t_s)}{(1-t_b)} \right]$$

t = 법인세율, t_s = 개인 주식소득세율, t_b = 개인 이자소득세율

- $(1-t)(1-t_s) < (1-t_b) \rightarrow$ 레버리지 이득 $(+)$, $V_L > V_u$
- $(1-t)(1-t_s) > (1-t_b) \rightarrow$ 레버리지 이득 $(-)$, $V_L < V_u$
- $(1-t)(1-t_s) = (1-t_b) \rightarrow$ 레버리지 이득 0, $V_L = V_u$

2. 무관련이론

- 시장의 불완전요인 중 법인세 이외에 개인소득세까지 함께 고려하는 자본구조이론
- 회사채 시장이 균형이면 레버리지이득이 0이 되어 부채사용은 기업가치에 영향을 주지 않음

3 파산비용이론

시장의 불완전요인 중 법인세와 파산비용를 고려해서 최적자본구조를 설명하는 이론

$$V_L = V_U + B \times t - PV(\text{기대파산비용})$$

4 **대리비용이론**

1. 발생유형에 따른 대리 비용

감시비용, 확증비용, 잔여손실

2. 발생원천에 따른 대리비용

	자기자본의 대리비용	부채의 대리비용
위임자	외부주주	채권자
대리인	소유경영자	소유경영자
대리비용	• 특권적 소비 • 경영자의 태만	• 과대위험요인 • 과소투자요인 • 재산도피

5 **신호이론**

1. 신호효과 또는 정보효과

정보의 비대칭성이 존재하기 때문에 자본시장의 투자자는 자금조달수단으로 투자안 평가

2. 자본조달순서이론 (pecking order theory)

기업은 내부유보자금 ⇨ 부채 ⇨ 신주발행의 순으로 자본을 조달한다.
부채사용에 따른 법인세 감세효과는 기업의 부채비율을 결정하는 요인이 아니다.

연습문제

문제 1　　　　　　　　　　　　　　　　　　　　　　　　　　　　(2013, 1차)

㈜평창은 매년 150억원의 기대영업이익을 창출하는데 200억원의 부채를 이자율 10%로 차입하여 운용하고 있다. 한편 ㈜평창과 자본구조를 제외한 모든 면에서 동일한 무부채기업 ㈜한강의 자기자본비용은 20%이다. 법인세율은 40%이고, MM의 수정 명제가 성립하는 것으로 가정한다.

(1) 부채기업인 ㈜한강의 기업가치는 얼마인가?

(2) 부채기업인 ㈜평창의 자기자본비용은 얼마인가?

(3) 부채기업인 ㈜평창의 가중평균자본비용(WACC)은 얼마인가?

(4) 만약 부채비율(부채/자기자본)이 무한히 증가한다면 부채기업인 ㈜평창의 가중평균자본비용은 얼마가 되는가?

해 설

(1) 부채기업의 가치평가

$$V_U = \frac{EBIT \times (1-t)}{\rho} = \frac{15(1-0.4)}{0.2} = 450억원$$
$$V_L = V_U + B \times t = 450 + 200 \times 0.4 = 530억원$$

(2) MM 2명제를 이용한 부채기업의 자기자본비용 결정

$$k_e^L = \rho + (\rho - k_d) \times (1-t) \times \frac{B}{S} = 20 + (20-10) \times (1-0.4) \times \frac{200}{330} = 23.64\%$$

(3) MM 3명제를 이용한 부채기업의 가중평균자본비용 결정

$$k_0^L = \rho \times \left(1 - t \times \frac{B}{V}\right) = 20 \times \left(1 - 0.4 \times \frac{200}{530}\right) = 16.98\%$$

(4) 부채비율(부채/자기자본)이 무한히 증가하는 경우

$$k_0^L = \rho \times (1 - t \times \frac{B}{V}) \text{ 에서 } \frac{B}{V} = 1 \rightarrow k_0^L = \rho \times (1-t) = 20\% \times (1-0.4) = 12\%$$

문제 2

현재 자기자본만으로 자금을 조달한 ㈜소라의 연말 영업이익(EBIT)은 8억원이고, 이 영업이익은 매년 말 영구적으로 발생할 것으로 기대된다. 현재 자기자본비용은 15%이고 법인세는 40%이다. ㈜소라는 자본구조를 변경하기 위해서 부채를 발행해 이 금액으로 자사주 일부를 매입할 계획이다. ㈜소라가 부채를 발행할 경우 10%의 이자율로 자금을 조달할 수 있다.

(1) 만약 ㈜소라가 자본구조를 50%의 부채와 50%의 자기자본으로 자본구조를 변경하게 되면 새로운 ① 기업가치, ② 자기자본비용 그리고 ③ 가중평균자본비용(WACC)은 각각 얼마인가?

(2) ㈜소라는 20억원의 부채를 10%의 시장이자율에 추가로 발행해 기존의 사업과 영업위험이 동일한 프로젝트에 투자할 계획이다. 프로젝트로부터 6억원의 추가적인 영업이익(EBIT)이 영구적으로 기대된다면 이 프로젝트의 순현가(NPV)는 얼마인가?

해 설

(1) 부채기업의 기업가치 및 자본비용

$$V_U = \frac{EBIT(1-t)}{\rho} = \frac{8억 \times (1-0.4)}{0.15} = 32$$

목표부채비율 $\frac{B}{S} = 1 \rightarrow \frac{B}{V} = \frac{1}{2} \rightarrow V_L = 2 \times B$

$V_L = V_U + B \times t \rightarrow 2 \times B = 32억 + B \times 0.4 \rightarrow B = 20$

① $V_L = V_U + B \times t = 32억 + 20억 \times 0.4 = 40억$

② $k_e^L = \rho + (\rho - k_d)(1-t)\frac{B}{S} = 15 + (15-10) \times (1-0.4) \times 1 = 18\%$

③ $k_o^L = \rho(1 - t \times \frac{B}{V}) = 5 \times (1 - 0.4 \times 1/2) = 12\%$

(2) 조정현가법에 의한 투자결정

$$기본NPV = \frac{EBIT(1-t)}{\rho} - C_0 = \frac{6억 \times (1-0.4)}{0.15} - 20억 = 4억$$

조정현가(APV) = 기본NPV + 부채사용효과 = 4억 + 20억 × 0.4 = 12억

문제 3

부채를 사용하지 않고 자기자본만 사용하고 있는 기업인 ㈜거창은 베타계수가 1.4 이고 자산의 시장가치는 300억원이다. 현재 무위험이자율은 4%이고 ㈜거창의 자기자 본비용은 12.4%이다. 이제 ㈜거창은 100억원을 무위험이자율로 차입하여 자본구조를 변경하려 한다. 이때 차입한 금액은 자기주식을 매입소각하는데 사용될 예정이다. 부채의 베타가 0이고 법인세율이 40%이며 CAPM과 법인세가 있는 MM이론이 성립한다.

(1) 자본구조 변경 후 자기자본의 시장가치는 얼마인가?
(2) 자본구조 변경 후 자기자본비용은 얼마인가?
(3) 자본구조 변경 후 가중평균자본비용은 얼마인가?
(4) 자본구조 변경 후 주식베타는 얼마인가?
(5) 자본구조 변경 후 자산베타는 얼마인가?

해설

(1) MM 1명제를 이용한 부채기업의 기업가치 결정

$$V_L = V_U + B \times t = 300 + 100 \times 0.4 = 340 \Rightarrow S = V - B = 340 - 100 = 240억원$$

(2) MM 2명제를 이용한 부채기업의 자기자본비용 결정

$$k_e^L = \rho + (\rho - k_d) \times (1-t) \times \frac{B}{S} = 12.4 + (12.4 - 4) \times (1-0.4) \times \frac{100}{240} = 14.5\%$$

(3) MM 3명제를 이용한 부채기업의 가중평균자본비용 결정

$$k_0^L = \rho \times \left(1 - t \times \frac{B}{V}\right) = 12.4 \times \left(1 - 0.4 \times \frac{100}{340}\right) = 10.94\%$$

(4) 하마다 공식을 이용한 주식베타 결정

$$\beta_S^L = \beta_S^U \times \left[1 + (1-t) \times \frac{B}{S}\right] = 1.4 \times \left[1 + (1-0.4) \times \frac{100}{240}\right] = 1.75$$

(5) 베타 가산원리를 이용한 자산베타 결정

$$\beta_A = \beta_B \times \frac{B}{V} + \beta_S^L \times \frac{S}{V} = 0 \times \frac{100}{340} + 1.75 \times \frac{240}{340} = 1.24$$

문제 4

ABC회사의 자본구조는 회사채를 발행해서 조달한 부채(35%)와 보통주를 발행해서 조달한 자본(65%)으로 구성되어 있다. 회사채는 액면이자율(coupon rate)이 10.4%이고 만기까지는 5년이 남아있으며 현재 액면가(par value)에 거래되고 있다. 시장포트폴리오의 기대수익률은 11%, 무위험이자율은 4%이고 이 회사의 베타는 1.6이다. 배당금은 주당 5,000원을 지급했고 향후 매년 5.4%씩 증가할 것으로 예상되며, 현재 주가는 62,000원이다. 법인세율은 25%로 가정한다.

(1) 현재 주가를 사용해서 자기자본비용과 가중평균자본비용을 각각 구하시오.
(2) CAPM을 사용해서 자기자본비용과 가중평균자본비용을 각각 구하시오.
(3) ABC회사 주식의 균형가격은 얼마인가?

해 설

(1) 배당할인모형을 이용한 자기자본비용 및 가중평균자본비용

$$k_e^L = \frac{D_1}{P_0} + g = \frac{5,000 \times 1.054}{62,000} + 0.054 = 13.9\%$$

$$k_0^L = k_d(1-t) \times \frac{B}{V} + k_e^L \times \frac{S}{V} = 10.4 \times (1-0.25) \times 0.35 + 13.9 \times 0.65 = 11.8\%$$

(2) CAPM을 이용한 자기자본비용 및 가중평균자본비용

$$k_e^L = R_f + (R_m - R_f) \times \beta_S^L = 4 + (11-4) \times 1.6 = 15.2\%$$

$$k_0^L = k_d(1-t) \times \frac{B}{V} + k_e^L \times \frac{S}{V} = 10.4 \times (1-0.25) \times 0.35 + 15.2 \times 0.65 = 12.6\%$$

(3) 배당모형을 이용한 균형주가

$$P_0 = \frac{D_1}{k_e - g} = \frac{5,270}{0.152 - 0.054} = 53,776원$$

문제 5   (2019, 1차)

㈜명동의 주식의 베타는 1.2이고 부채비율(B/S)은 150%이다. ㈜명동이 발행한 회사채는 만기 2년, 액면가 1,000,000원인 무이표채이다. 현재 만기가 1년 남은 이 회사채의 시장가격은 892,857원이고, 이 회사의 다른 부채는 없다. 시장포트폴리오의 기대수익률은 연 20%이고 무위험수익률은 연 10%이며 법인세율은 30%이다.

(1) ㈜명동의 타인자본비용은 얼마인가?
(2) ㈜명동의 자기자본비용은 얼마인가?
(3) ㈜명동의 가중평균자본비용은 얼마인가?
(4) ㈜명동의 영업위험을 나타내는 주식베타는 얼마인가?

해설

(1) 채권수익률을 이용한 타인자본비용

$$k_d = \frac{1,000,000}{892,857} - 1 = 12\%$$

(2) CAPM을 이용한 자기자본비용
$$k_e^L = 10 + (10 - 2) \times 1.2 = 19.6\%$$

(3) 가중평균자본비용
$$\frac{B}{S} = 1.5 \rightarrow \frac{B}{V} = \frac{1.5}{2.5} = 0.6$$
$$k_0^L = 12\% \times (1 - 0.3) \times 0.6 + 19.6\% \times 0.4 = 13.28\%$$

(4) 위험부채 하마다모형을 이용한 영업베타
    타인자본비용(12%)과 무위험이자율(10%)이 다르기 때문에 위험부채 하마다 모형 사용
$$k_d = 12 = 10 + (10 - 2) \times \beta_B \Rightarrow \beta_B = 0.25$$
$$\beta_S^L = \beta_S^U + (\beta_S^U - \beta_B)(1 - t)\frac{B}{S} \Rightarrow 1.2 = \beta_S^U + (\beta_S^U - 0.25)(1 - 0.3) \times 1.5 \Rightarrow \beta_S^U = 0.71$$

문제 6

무부채기업인 ㈜도봉과 1,000억원의 부채를 사용하고 있는 ㈜관악은 자본구조를 제외한 모든 면에서 동일하다. 법인세율은 25%이고, 투자자의 개인소득세율은 채권투자시 X%, 주식투자시 Y%이다. 단, 법인세 및 개인소득세가 존재하는 것 이외에 자본시장은 완전하다고 가정한다.

(1) X와 Y가 같다면, 두 기업의 기업가치 차이와 자기자본의 차이는 각각 얼마인가?
(2) X가 25이고 Y가 0일 때, 두 기업의 기업가치 차이는 얼마인가?
(3) X가 15이고 Y가 0일 때, 두 기업의 기업가치 차이는 얼마인가?

해설

(1) $G = B \times \left[1 - \dfrac{(1-t)(1-t_s)}{(1-t_b)} \right] = 1,000 \times \left[1 - \dfrac{(1-t)(1-t_s)}{(1-t_b)} \right] = +250$

기업가치 차이 : $V_L - V_u = 250$억

자기자본가치 차이 : $S_L - S_u = -B \times \dfrac{(1-t)(1-t_s)}{(1-t_b)} = -750$억

∴ 부채기업의 기업가치가 250억 더 크며, 자기자본가치는 750억 더 작다.

(2) $G = B \times \left[1 - \dfrac{(1-t)(1-t_s)}{(1-t_b)} \right] = 1,000 \times \left[1 - \dfrac{(1-0.25)(1-0)}{(1-0.25)} \right] = 0$

기업가치 차이 : $V_L - V_u = 0$억

∴ 부채기업의 가치와 무부채기업의 가치가 동일하다.

(3) $G = B \times \left[1 - \dfrac{(1-t)(1-t_s)}{(1-t_b)} \right] = 1,000 \times \left[1 - \dfrac{(1-0.25)(1-0)}{(1-0.15)} \right] = +117$

기업가치 차이 : $V_L - V_u = 117$억

∴ 부채기업의 기업가치가 117억 더 크다.

문제 7

㈜서울은 자기자본만으로 자금을 조달한 기업으로 자본비용은 20%이며, 연간 10억원의 영업이익이 영구히 발생할 것으로 기대된다. ㈜경기는 총 액면가 15억원, 액면이자율 10%, 만기수익률 10%의 영구채와 총 10,000주의 주식으로 구성되어 있으며, 영업이익과 영업위험은 ㈜서울과 동일하다. 법인세율은 40%이다.

(1) ㈜서울과 ㈜경기의 시장가치는 각각 얼마인가?

(2) 현재 시장에서는 부채가치의 수준에 따라 파산할 확률이 아래와 같이 예상되고 있으며 파산시 발생하게 되는 비용의 현재가치가 20억원으로 추산된다.

부채 가치	파산 확률
3억원	10%
6억원	13%
9억원	18%
12억원	25%
15억원	40%

　① 기대파산비용을 고려할 때 ㈜경기의 기업가치는 얼마인가?

　② 세금절감효과와 기대파산비용을 고려할 때 ㈜경기의 기업가치를 극대화시킬 수 있는 최적 부채수준을 구하라.

해설

(1) $V_U = \dfrac{EBIT(1-t)}{\rho} = \dfrac{10 \times (1-0.4)}{0.20} = 30억원$

　　$V_L = V_u + B \times t = 30억 + 15억 \times 0.4 = 36억원$

(2) ① 기대파산비용을 고려한 기업가치

　　　$V_L = V_u + B \times t - PV$ (기대파산비용)

　　　$= 30억 + 15억 \times 0.4 - 20억 \times 0.4(파산확률) = 28억원$

　　▶ 현재 부채수준이 15억이므로 파산확률은 40%이다.

　② 부채효과 = B × 0.4 − 20억 × 파산확률

부채가치	파산확률	부채효과
30,000만원	10%	−8,000만원
60,000만원	13%	−2,000만원
90,000만원	18%	0원
120,000만원	25%	−2,000만원
150,000만원	40%	−20,000만원

부채가치가 9억원인 경우 기업가치를 극대화할 수 있는 최적자본구조이다.

한솔기업은 다음과 같은 신규투자를 고려하고 있다. 신규투자안 A, B는 모두 100원의 투자원금을 필요로 하며 투자기간은 1년이고 상호배타적이다. 이들 투자안의 1년 말 총현금흐름은 다음과 같다.

상 황	확 률	투자안 A	투자안 B
불 황	0.5	110원	50원
호 황	0.5	130원	180원

경제주체들은 위험중립적이며, 무위험이자율은 10%이고, 부채조달시 채권만기는 투자기간과 동일하다.

(1) 한솔기업의 소유경영자가 투자원금 전액을 자기자본으로 조달한다면 어떤 투자안을 선택할 것인가?

(2) 한솔기업은 투자안 선택에 상관없이 시장 이자율로 투자원금 전액을 부채로 조달한다고 하자. 이때 상록기업의 소유경영자는 어떤 투자안을 선택할 것인가?

해설

(1) 부채를 사용하지 않은 경우의 투자결정

1년 후 투자안의 현금흐름과 주주현금흐름은 일치한다.

$$NPV_A = \frac{(130 \times 0.5) + (110 \times 0.5)}{1.1} - 100 = 9.09 \quad NPV_B = \frac{(180 \times 0.5) + (50 \times 0.5)}{1.1} - 100 = 4.55$$

∴ 투자안 A의 NPV가 더 크기 때문에 투자안 A를 선택한다.

(2) 부채를 사용하는 경우의 투자결정

1년 후 투자안의 현금흐름에 따른 주주현금흐름은 다음과 같다.

투자안	상황	투자안의 총현금	채권자 현금	주주현금
A	호황	130	110	20
	불황	110	110	0
B	호황	180	110	70
	불황	50	50	0

주주현금흐름을 기준으로 주주의 NPV를 구하면 다음과 같다.

$$NPV_A = \frac{(20 \times 0.5) + (0 \times 0.5)}{1.1} - 0 = 9.09 \quad NPV_B = \frac{(70 \times 0.5) + (0 \times 0.5)}{1.1} - 0 = 31.82$$

∴ 투자안 B의 NPV가 더 크기 때문에 투자안 B를 선택한다.

문제 9

무부채기업인 ㈜서울의 자기자본비용은 10%이고 ㈜한강은 6% 이자율로 1억원의 부채를 사용하고 있다. 두 기업은 모두 매년 3,000만원의 일정한 영업이익을 영구적으로 기대하고 있다. 법인세율은 40%이다.

(1) ㈜서울과 ㈜한강의 기업가치를 각각 구하시오.
(2) 현재 ㈜한강의 시장가치가 2.5억원일 때 ㈜한강의 주식 10%를 보유한 투자자의 차익거래 전략과 과정을 설명하고, 차익거래이익을 구하시오.

해설

(1) 기업가치평가

$$V_u = \frac{3,000 \times (1-0.4)}{0.10} \, 18,000 \qquad V_L = 18,000 + 10,000 \times 0.4 = 22,000$$

(2) 차익거래

부채기업가치의 균형가격은 2.2억원이지만 시장가격은 2.5억원이므로 과대평가

차익거래전략	현재시점	매년
(1) 한강주식 10%매도	+1,500	−144
(2) 서울주식 10%매수	−1,800	+180
(3) 차입	+600	−36
합계	+300	0

① 한강주식 10%매도

현재시점 현금흐름 : $(25,000 - 10,000) \times 10\% = +1,500$

매년 현금흐름 : $-(3,000 - 10,000 \times 0.06) \times (1-0.4) \times 10\% = -144$

② 서울주식 10%매수

현재시점 현금흐름 : $-18,000 \times 10\% = -1,800$

매년 현금흐름 : $3,000 \times (1-0.4) \times 10\% = +180$

③ 차입

매년 현금흐름 : $144 - 180 = -36$

현재시점 현금흐름 : $36 \div 0.06 = +600$

∴ 차익포트폴리오의 매년 현금흐름은 0이며, 현재시점 현금흐름은 300만원이므로
차익거래이익은 300만원이다.

SMART

심화 재무관리

Chapter

03

포트폴리오

Chapter 03 포트폴리오

핵심이론

1 마코위츠 포트폴리오 이론

1. 가정

- 합리적 투자자는 위험 회피적이고 기대효용극대화를 목표로 한다.
- 모든 투자자들은 투자대상에 대하여 동질적 예측을 한다.
- 투자자는 평균분산기준에 의하여 투자결정을 한다.
- 투자기간은 1기간이다.

2. 2개 주식으로 구성된 포트폴리오

(1) 포트폴리오의 구성 : $R_p = w_1 R_1 + w_2 R_2 \,(w_1 + w_2 = 1)$ 단, $\sigma_1 < \sigma_2$

(2) 포트폴리오의 기대수익률 : $E(R_p) = w_1 E(R_1) + w_2 E(R_2)$

(3) 포트폴리오의 위험 : $\sigma_p^2 = w_1^2 \sigma_1^2 + w_2^2 \sigma_2^2 + 2w_1 w_2 \sigma_{12} = w_1 \sigma_{p1} + w_2 \sigma_{p2}$

(4) 개별 주식간의 공분산 : $\sigma_{12} = \rho_{12}\,\sigma_1\,\sigma_2 = E\big[\{R_1 - E(R_1)\}\{R_2 - E(R_2)\}\big]$

(5) 포트폴리오와 개별 주식의 공분산 :

$$\sigma_{p1} = Cov(R_p, R_1) = Cov(w_1 R_1 + w_2 R_2, R_1) = w_1 \sigma_1^2 + w_2 \sigma_{12}$$

3. 상관계수와 포트폴리오의 위험

(1) 상관계수가 1인 경우 : $\sigma_p = w_1 \times \sigma_1 + w_2 \times \sigma_2$

  ⇨ 상관계수가 1이면 분산효과는 없다.

(2) 상관계수가 0인 경우 : $\sigma_p = \sqrt{w_1^2 \times \sigma_1^2 + w_2^{2 \times} \sigma_2^2}$

  상관계수가 0이면 포트폴리오의 위험은 0보다 크다.

(3) 상관계수가 −1인 경우 : $\sigma_p = |w_1 \times \sigma_1 - w_2 \times \sigma_2|$

4. 효율적 포트폴리오

(1) 최소분산 포트폴리오(MVP)의 주식1 투자비율 : $w_1 = \dfrac{\sigma_2^2 - \sigma_{12}}{\sigma_1^2 + \sigma_2^2 - 2\sigma_{12}}$

(2) 효율적 투자선의 포트폴리오 : 주식1의 투자비율 ≤ MVP 주식1 투자비율

5. 제로베타 포트폴리오

시장포트폴리오 → $R_m = w \times R_1 + (1-w) \times R_2$

제로베타 포트폴리오 → $R_z = z \times R_1 + (1-z) \times R_2$

$Cov(R_m, R_z) = 0 = w \times z \times \sigma_1^2 + w \times (1-z) \times \sigma_{12} + (1-w) \times z \times \sigma_{12} + (1-w) \times (1-z) \times \sigma_2^2$

2　자본시장선 (CML)

1. 가정

- 마코위츠 포트폴리오 가정 4개
- 언제든지 차입 또는 대출이 가능한 무위험자산이 존재
- 세금과 거래비용이 없는 완전자본시장

2. 자본할당선 또는 자본배분선 (CAL : Capital Allocation Line)

마코위츠 효율적 투자선의 위험자산과 무위험자산으로 구성한 포트폴리오

$R_p = w \times R_A + (1-w) \times R_f \Rightarrow \sigma_p = w \times \sigma_A$

3. 자본시장선 (CML : Capital Market Line)

자본할당선 중에서 가장 효율적인 포트폴리오

- 시장포트폴리오에 w, 무위험자산에 1-w 투자 : $R_p = w \times R_m + (1-w) \times R_f$
- 기대수익률 : $E(R_p) = w \times E(R_m) + (1-w) \times R_f$
- 표준편차 : $\sigma_p^2 = w^2 \times \sigma_m^2 \Rightarrow \sigma_p = w \times \sigma_m$
- 베타 : $\beta_p = w \times 1 + (1-w) \times 0 = w$
- 자본시장선 : $E(R_p) = R_f + \dfrac{[E(R_m) - R_f]}{\sigma_m} \times \sigma_p$
- 대출포트폴리오 : w < 1, 차입포트폴리오 : w > 1

4. 자본시장선의 의의

(1) 위험보상률 또는 변동보상율($\dfrac{E(R_p) - R_f}{\sigma_p}$)이 가장 큰 포트폴리오

(2) 비체계적 위험이 제거된 완전분산된 포트폴리오

(3) 소극적 투자전략에 활용

(4) **상관계수**

- 자본시장선 상의 포트폴리오간의 상관계수 = 1
- 자본시장선 상의 포트폴리오와 무위험자산의 상관계수 = 0
- 시장포트폴리오와 자본시장선 포트폴리오간의 상관계수 = 1

5. 최적포트폴리오

- 무차별곡선과 자본시장선이 접하는 점의 포트폴리오
- 투자자의 효용을 가장 크게 하는 주관적인 포트폴리오

3 증권시장선 (SML)

1. 균형수익률 (요구수익률) : $E(R_i) = k_e = R_f + [E(R_m) - R_f] \times \beta_i$

기대수익률 〉 균형수익률 : 주식매수 → 주가 상승 → 기대수익률 하락

기대수익률 〈 균형수익률 : 주식매도 → 주가 하락 → 기대수익률 상승

CAPM이 성립한다 ⇨ 기대수익률 = 균형수익률

2. 베타

(1) 베타의 의의

- 시장포트폴리오 변동에 대한 개별 주식의 민감도로서 체계적 위험의 지표이다.
- 주식시장의 강세가 예상되면 베타가 1보다 큰 주식을 매입한다.

(2) 베타의 도출

- 공분산 모형 : $\beta_i = \dfrac{\sigma_{im}}{\sigma_m^2} = \dfrac{\sigma_i \times \rho_{im}}{\sigma_m}$
- 시장모형 : 회귀선의 기울기

(3) 음의 베타

- 개별주식과 시장포트폴리오와의 상관계수가 (−)이면 가능
- 음의 베타가 성립하면 위험자산의 수익률이 무위험 자산의 수익률보다 작다.

(4) 베타의 가산원리

n개 주식에 분산투자한 포트폴리오의 베타 : $\beta_p = \sum_{i=1}^{n} w_i \times \beta_i$

3. 자본시장선(CML)과 증권시장선(SML)의 관계

(1) **자본시장선** : 수익률과 총위험의 상충관계, 효율적 포트폴리오

(2) **증권시장선** : 수익률과 체계적위험의 상충관계. 개별주식의 균형수익률

(3) 증권시장선에 존재하고 자본시장선에도 존재하는 투자집합
균형상태, 시장포트폴리오와의 상관계수 = 1, 비체계적 위험 =0

(4) 증권시장선에는 존재하지만 자본시장선에는 존재하지 않는 투자집합
균형상태, 시장포트폴리오와의 상관계수 〈 1, 비체계적 위험〉 0

(5) 증권시장선에 존재하지 않는 투자집합
불균형상태, 시장포트폴리오와의 상관계수 〈 1, 비체계적 위험〉 0

4. 펀드의 성과평가

(1) **샤프지수** : $\dfrac{R_p - R_f}{\sigma_p}$ ⇨ 변동보상률

(2) **트레이너 지수** : $\dfrac{R_p - R_f}{\beta_p}$

(3) **젠센지수** (abnormal return) : $R_p - (R_f + (R_m - R_f) \times \beta_p)$

4 시장모형

1. 단순회귀선 (증권특성선) : $R_i = \alpha_i + \beta_i R_m + e_i$

가정 : $E(e_i) = 0$ $cov(R_m, e_i) = 0$ $cov(e_i, e_j) = 0$

증권특성선의 기울기 = 개별주식의 베타

2. 시장모형을 이용한 개별주식 위험

(1) **기대수익률** : $E(R_i) = \alpha_i + \beta_i E(R_m)$

(2) **총위험** : $\sigma_i^2 = \beta_i^2 \times \sigma_m^2 + Var(e_i) = $ 체계적 위험 + 비체계적 위험

(3) **공분산** : $cov(R_i, R_j) = \beta_i \times \beta_j \times \sigma_m^2$

(4) **상관계수** : $\rho_{ij} = \rho_{im} \times \rho_{jm}$

(5) **결정계수** : $R^2 = \dfrac{\beta_i^2 \times \sigma_m^2}{\sigma_i^2} = \rho_{im}^2 \rightarrow$ 체계적 위험이 총위험에서 차지하는 비율

3. 2개 주식으로 구성된 포트폴리오 ($R_p = w_1 \times R_1 + w_2 \times R_2$)

(1) **기대수익률** : $E(R_p) = w_1 \times E(R_1) + w_2 \times E(R_2)$

(2) **총위험** : $\sigma_p^2 = \beta_p^2 \times \sigma_m^2 + Var(e_p)$

(3) **베타** : $\beta_p = w_1 \times \beta_1 + w_2 \times \beta_2$

(4) **잔차** : $Var(e_p) = w_1^2 \times Var(e_1) + w_2^2 \times Var(e_2)$

4. 초과수익률 모형 : $R_i - R_f = \alpha_i + \beta_i \times (R_M - R_f) + e_i$

(1) 초과수익률 시장모형의 기울기 = 개별주식의 베타

(2) 초과수익률 시장모형의 절편 = 젠센지수(알파)

(3) 초과수익률 모형을 이용한 개별주식의 위험 = 수익률 모형을 이용한 개별주식의 위험

5. 다중회귀선 (2요인 모형) : $R_i = \alpha_i + \beta_{i1} F_1 + \beta_{i2} F_2 + e_i$

가정 : $E(e_i) = 0 \quad cov(F_1, e_i) = 0, \; cov(F_2, e_i) = 0 \quad cov(e_i, e_j) = 0 \quad cov(F_1, F_2) = 0$

(1) **기대수익률** : $E(R_i) = \alpha_i + \beta_{i1} E(F_1) + \beta_{i2} E(F_2)$

(2) **총위험** : $\sigma_i^2 = \beta_{i1}^2 \times \sigma_{F1}^2 + \beta_{i2}^2 \times \sigma_{F2}^2 + Var(e_i) = $ 체계적 위험 + 비체계적 위험

5 차익거래가격결정이론 (APT)

1. 증권시장선(SML)의 관계

(1) **공통점** : 수익률과 체계적위험의 상충관계. 개별주식의 균형수익률, 위험회피형 가정

(2) **차이점** : 다요인, 시장포트폴리오 검증 불필요,

가정 불필요(정규분포, 무위험자산, 단일기간)

2. APT 균형수익률 : $E(R_i) = \lambda_0 + \lambda_1 \times b_{i1} + \lambda_2 \times b_{i2} \cdots \lambda_k b_{ik}$

b_{ik} : k요인에 대한 i주식의 민감도 → 다중회귀선의 기울기

λ_k : 요인 k에 대한 위험프리미엄 → k개의 균형주식을 이용하여 도출

3. 차익포트폴리오

차익포트폴리오는 추가적인 자금부담 없이, 추가적인 위험부담 없이 구성한 포트폴리오

(1) No cost : $\sum_{i=1}^{n} w_i = 0$ → $w_1 + w_2 + .. + w_n = 0$

(2) No Risk : $\sum_{i=1}^{n} w_i b_{ik} = 0$ (k = 1, 2,....k)

포트폴리오의 1요인 위험: $\beta_{p1} = w_1 \times \beta_{11} + w_2 \times \beta_{21} + .. + w_n \times \beta_{n1} = 0$

포트폴리오의 k요인 위험: $\beta_{pk} = w_1 \times \beta_{1k} + w_2 \times \beta_{2k} + .. + w_n \times \beta_{nk} = 0$

6 파머(Fama)-프렌치(French) 모형

1. 3요인 모형

시장포트폴리오, 기업규모(size), 장부가치 대 시장가치 비율

$E(R_i) = R_f + (E(R_m) - R_f) \times \beta_{im} + E(SMB) \times \beta_{iSMB} + E(HML) \times \beta_{iHML}$

(1) SMB : 소형포트폴리오 수익률 − 대형포트폴리오 수익률

(2) E(SMB) : 소형주기업이 대형주기업에 대해 갖는 평균 위험프리미엄

(3) HML : 장부가치−시장가치 비율이 높은 포트폴리오의 수익률과 낮은 포트폴리오의 수익률
의 차이로, 이 비율이 높은 주식은 가치주이며, 이 비율이 낮은 주식은 성장주이다.

(4) E(HML) : 가치주 기업이 성장주 기업에 대해 갖는 평균 위험프리미엄

2. 초과수익률 다중회귀분석

$$R_i \,=\, \alpha_i + \beta_{im} \times R_m + \beta_{iSMB} \times SMB + \beta_{iHML} \times HML + \epsilon_i$$

R_i : 펀드 'i'의 수익률 − 무위험수익률

R_m : 시장포트폴리오 수익률 − 무위험수익률(시장요인)

SMB : 소형포트폴리오 수익률 − 대형포트폴리오 수익률(기업규모요인)

HML: 장부가치/시장가치 비율

높은 포트폴리오의 수익률 − 낮은 포트폴리오의 수익률(가치주요인)

$\beta_{iSMB} > 0$: 펀드 i는 소형주 추종 $\beta_{iSMB} < 0$: 펀드 i는 대형주 추종

$\beta_{iHML} > 0$: 펀드 i는 가치주 추종 $\beta_{iHML} < 0$: 펀드 i는 성장주 추종

(2008, 2차)

자본시장에 자산 X와 자산 Y만 존재한다고 가정하자. 자산 X와 자산 Y의 수익률의 기대값과 표준편차는 다음의 표와 같다. (단, 공매도가 가능하다고 가정)

(1) 두 자산의 상관계수가 −1일 경우에 최소분산포트폴리오를 구성하기 위한 두 자산의 배합비율은 각각 얼마인가?

	자산 X	자산 Y
기대수익률	20%	10%
표준편차	15%	5%

(2) 두 자산의 상관계수가 −1이고 이들 두 자산만으로 구성된 포트폴리오의 표준편차가 13%일 경우에 허용 가능한 포트폴리오의 기대수익률을 모두 구하시오.

(3) 두 자산의 상관계수는 0.2이고, 시장포트폴리오의 기대수익률이 12.5%이다. 시장포트폴리오의 표준편차를 구하시오.

(4) (3)에서 자산 X와 시장포트폴리오와의 공분산을 구하시오.

해설

(1) 최소분산포트폴리오

$$\sigma_{XY} = 15 \times 5 \times (-1.0) = -75$$

$$\omega_X = \frac{\sigma_Y^2 - \sigma_{XY}}{\sigma_X^2 + \sigma_Y^2 - 2\sigma_{XY}} = \frac{5^2 - (-75)}{15^2 + 5^2 - 2 \times (-75)} = 0.25 \Rightarrow \omega_Y = 1 - 0.25 = 0.75$$

(2) 상관계수가 −1인 경우 포트폴리오의 기대수익률

$$\sigma_{XY} = |w \times \sigma_X - (1-w) \times \sigma_Y| = |5 \times \omega - 5 \times (1-\omega)| = 0.13 \Rightarrow \omega = 0.9, \ \omega = -0.4$$

$\omega = 0.9$인 경우 : $E(R_p) = 0.9 \times 20 + 0.1 \times 10 = 19\%$

$\omega = -0.4$인 경우 : $E(R_p) = (-0.4) \times 20 + 1.4 \times 10 = 6\%$

(3) 시장포트폴리오의 표준편차

$$E(R_m) = 20 \times \omega + 10 \times (1-\omega) = 12.5 \Rightarrow \omega = 0.25$$

$$\sigma_{XY} = 15 \times 5 \times 0.2 = 15$$

$$Var(R_m) = 0.25^2 \times 15^2 + 0.75^2 \times 5^2 + 2 \times 0.25 \times 0.75 \times 15 = 33.75 \Rightarrow \sigma_m = 5.81\%$$

(4) 자산 X와 시장포트폴리오의 공분산

$$COV(R_X, R_m) = 0.25 \times 152 + 0.75 \times 15 = 67.5 \Rightarrow 0.00675$$

문제 2

시장에는 두 개의 위험자산 A와 B만 존재한다고 가정하자. 이 두 위험자산의 기대수익률은 동일하며, 위험(표준편차) 역시 서로 동일하다. 위험회피적인 투자자 갑은 두 개의 위험자산 A와 B로 포트폴리오를 구성하려고 한다. 투자자 갑의 최적 포트폴리오에서 위험자산 A에 대한 투자비율은 얼마인가? 단, 이 두 자산 사이의 공분산($Cov(R_A, R_B)$)은 0이다.

해설

최소분산포트폴리오는 효율적 포트폴리오이므로 최적포트폴리오가 될 수 있다.

두 위험자산의 표준편차가 동일하고 공분산이 0이므로 최소분산포트폴리오의 위험자산 A의 투자비율은 다음과 같다.

$$w_A = \frac{\sigma_B^2 - \sigma_{AB}}{\sigma_A^2 + \sigma_B^2 - 2\sigma_{AB}} = \frac{\sigma_B^2 - 0}{\sigma_A^2 + \sigma_B^2 - 2 \times 0} = 0.5$$

※ 두 개 주식에 동일한 비율로 투자한 포트폴리오는 항상 효율적이다.

문제 3

CAPM이 성립하며 시장에는 다음 두 위험자산만이 존재한다고 하자.

	기대수익률	표준편차
주식 A	18%	35%
주식 B	8%	22%

두 주식 수익률간의 공분산은 0이다. 시장포트폴리오를 구성하는 주식 A와 B의 구성비는 각각 68%와 32%이며, 무위험 자산은 존재하지 않는다고 가정한다. 단, 공매제한은 없다.

(1) 제로 베타포트폴리오의 기대수익률은 얼마인가?
(2) 주식 A의 베타는 얼마인가?

해설

(1) 제로 베타포트폴리오의 기대수익률

    2개 주식으로 시장포트폴리오 구성 : $R_m = 0.68R_A + 0.32R_B$

    2개 주식으로 제로베타포트폴리오 구성 : $R_Z = wR_A + (1-w)R_B$

    시장포트폴리오와 제로베타포트폴리오의 공분산 : $COV(R_Z, R_m) = 0$

    $0 = 0.68w \times 35^2 + 0.32w \times 0 + 0.68(1-w) \times 0 + 0.32(1-w) \times 22^2 \Rightarrow w = -0.2284$

    제로베타포트폴리오 기대수익률 : $E(R_Z) = -0.2284 \times 18 + 1.2284 \times 8 = 5.7\%$

(2) 주식A의 베타

    시장포트폴리오 기대수익률 = $0.68 \times 18 + 0.32 \times 8 = 14.8\%$

    $E(R_A) = E(R_Z) + ((E(R_m) - E(R_z)) \times \beta_A$

    $18 = 5.7 + (14.8-5.7) \times \beta_A \Rightarrow \beta_A = 1.35$

문제 4

두 개의 자산만으로 포트폴리오를 구성하려고 한다. 자산의 기대수익률과 표준편차는 다음과 같다. (단, 공매도는 가능하지 않다고 가정한다.)

	기대수익률	표준편차
자산 I	13%	10%
자산 II	20%	15%

(1) 상관계수가 −1일 경우 무위험포트폴리오를 만들기 위한 두 자산 I, II 의 구성비율은?

(2) 포트폴리오의 표준편차를 10%보다 작게 만들게 하기 위해서는 두 자산 사이의 상관계수가 얼마보다 작아야 하는가?

해설

(1) 상관계수가 −1일 때 무위험포트폴리오는 최소분산포트폴리오이다.

$$w_1 = \frac{\sigma_2^2 - \sigma_{12}}{\sigma_1^2 + \sigma_2^2 - 2\sigma_{12}} = \frac{15^2 - 10 \times 15 \times (-1)}{10^2 + 15^2 - 2 \times -10 \times 15 \times (-1)} = 0.6$$

∴ 두 자산 I, II의 구성비율은 각각 0.6과 0.4이다.

(2) 최소분산포트폴리오의 위험이 주식1의 위험보다 작다면 최소분산포트폴리오의 주식1 투자비율이 1보다 작아야 한다.

$$w_1 = \frac{\sigma_2^2 - \sigma_{12}}{\sigma_1^2 + \sigma_2^2 - 2\sigma_{12}} = \frac{15^2 - 15 \times 10 \times \rho_{12}}{15^2 + 10^2 - 2 \times 15 \times 10 \times \rho_{12}} \Rightarrow \rho_{12} < \frac{2}{3}$$

상관계수가 0.67보다 작으면 포트폴리오 표준편차를 10%보다 작게 만들 수 있으며

상관계수가 0.67보다 크면 포트폴리오의 표준편차를 10%보다 작게 만들 수 없다.

문제 5

주식과 채권 반반으로 구성된 뮤추얼펀드가 있다고 하자. 뮤추얼펀드를 구성하고 있는 주식과 채권의 분산이 각각 0.16과 0.04이고, 주식과 채권간의 공분산은 -0.1이다. 뮤추얼펀드의 분산을 $\sigma_p^2 = w_s S_s + w_b S_b$ 라고 할 때($w_s = w_b = \frac{1}{2}$, S_s = 주식으로 인한 뮤추얼펀드의 분산 기여도, S_b=채권으로 인한 뮤추얼펀드의 분산 기여도), S_s는 얼마인가?

해 설

(1) 개별주식과 포트폴리오의 공분산

$R_p = w_1 R_1 + w_2 R_2$

주식1과 포트폴리오의 공분산 $\sigma_{p1} = Cov(R_p, R_1) = w_1 \sigma_1^2 + w_2 \sigma_{12}$

주식2와 포트폴리오의 공분산 $\sigma_{p2} = Cov(R_p, R_2) = w_2 \sigma_2^2 + w_1 \sigma_{12}$

(2) 두 개 주식으로 구성된 포트폴리오의 위험

포트폴리오의 분산을 개별주식과 포트폴리오의 공분산으로 정리하면 다음과 같다.

$\sigma_p^2 = w_1^2 \sigma_1^2 + w_2^2 \sigma_2^2 + 2w_1 w_2 \sigma_{12} \Rightarrow \sigma_p^2 = w_1 \sigma_{p1} + w_2 \sigma_{p2}$

(3) 뮤추얼펀드의 분산

$\sigma_p^2 = w_s S_s + w_b S_b \Rightarrow S_s$ = 주식과 포트폴리오의 공분산

$S_s = w_s \sigma_s^2 + w_b \sigma_{sb} = (0.5 \times 0.16) + (0.5 \times (-0.1)) = 0.03$

문제 6

아래 표에서와 같이 세 가지 펀드만 판매되고 있는데 위험수준은 수익률의 표준편차를 나타낸다. 위험수준 25%를 추구하는 투자자에게 총투자액 1억원을 "안정주식형"에 3천만원, "성장주식형"에 5천만원, "국채투자형"에 2천만원씩 투자하는 최적포트폴리오를 추천하고 있다. 위험수준 15%를 추구하는 투자자가 총투자액 8천만원으로 최적포트폴리오를 구성한다면 "안정주식형"에 투자해야 하는 금액은 얼마인가?

펀드명칭	기대수익률	위험수준
안정주식형	10%	20%
성장주식형	20%	40%
국채투자형	5%	0%

해설

(1) 시장포트폴리오의 구성

　　최적포트폴리오는 효율적 포트폴리오이므로 CML선상에 있으며 국채투자형은 무위험자산이므로 위험수준 25%의 투자자의 시장포트폴리오 구성은 다음과 같다.

$$R_m = \frac{3}{8}w \times R_{안정} + \frac{5}{8} \times R_{성장}$$

(2) 시장포트폴리오의 표준편차

$$R_p^{CML} = w \times R_m + (1-w) \times R_f \Rightarrow \sigma_p = w \times \sigma_m$$

　　위험수준 25%인 투자자 : $25 = 0.8 \times \sigma_m \Rightarrow \sigma_m = 31.25\%$

(3) 위험수준 15%인 투자자의 구성

　　위험수준 15%인 투자자 : $15 = \omega \times 31.25 \Rightarrow w = 0.48$

　　$\therefore$ 안정형 주식 투자금액 $= 8,000$만원 $\times 0.48 \times 3/8 = 1,440$만원

문제 7

두 투자자 각각의 최적 포트폴리오 A와 B의 베타는 0.8과 0.4이다. 다음 각 물음에 답하시오. 단, CAPM이 성립하고, 모든 투자자들은 CAPM에 따라 최적 포트폴리오를 구성하고 있다.

(1) 포트폴리오 B의 위험프리미엄이 4%이면, 포트폴리오 A의 위험프리미엄은 얼마인가?
(2) 포트폴리오 A 수익률의 표준편차는 포트폴리오 B 수익률의 표준편차의 몇 배인가?
(3) 포트폴리오 A와 B의 기대수익률이 각각 6%와 4%가 되기 위한 무위험수익률은 얼마인가?

해설

(1) i 주식의 위험프리미엄 $= (E(R_m) - R_f) \times \beta_i$

포트폴리오 B: $4\% = (E(R_m) - R_f) \times 0.4 \Rightarrow (E(R_m) - R_f) = 10\%$

포트폴리오 A: $(E(R_m) - R_f) \times 0.8 = 8\%$

(2) $R_p^{CML} = w \times R_m + (1 - w) \times R_f \Rightarrow \sigma_p = \omega \times \sigma_m \Rightarrow \beta_p = \omega$

포트폴리오 A: $\sigma_A = 0.8 \times \sigma_m$

포트폴리오 B: $\sigma_A = 0.4 \times \sigma_m$

포트폴리오 A 표준편차는 포트폴리오 B 표준편차의 2배이다.

(3) $E(R_m) - R_f = \dfrac{6\% - 4\%}{0.8 - 0.4} = 5\%$

$6\% = R_f + 5\% \times 0.8 \Rightarrow R_f = 2\%$

시장포트폴리오와 무위험자산에 대한 투자비율이 각각 80%와 20%인 최적포트폴리오 A가 있다. CAPM이 성립한다고 가정한다. 단, 시장포트폴리오의 기대수익률($E(R_m)$)과 무위험수익률(R_f)은 각각 20%와 5%이며, 시장포트폴리오 수익률의 표준편차(σ_m)는 15%이다. $E(R_A)$와 σ_A는 각각 최적포트폴리오 A의 기대수익률과 수익률의 표준편차를 나타낸다.

(1) 포트폴리오 A의 기대수익률, 표준편차 및 베타는 얼마인가?

   시장포트폴리오 기대수익률의 샤프비율과 최적포트폴리오 A 기대수익률의 샤프비율 사이의 차이는 얼마인가?
(2) 포트폴리오 A의 베타는 얼마인가?
(3) 포트폴리오 A와 시장포트폴리오와의 상관계수는 얼마인가?

해설

(1) $R_p^{CML} = w \times R_m + (1-w) \times R_f \Rightarrow \sigma_p = w \times \sigma_m \Rightarrow \beta_p = w$

   포트폴리오 A의 기대수익률 = $0.8 \times 20 + 0.2 \times 5 = 17\%$

   포트폴리오 A의 표준편차 : $\sigma_p = w \times \sigma_m = 0.8 \times 15 = 12\%$

   포트폴리오 A의 베타 : $\beta_p = w = 0.8$

(2) 최적포트폴리오는 자본시장선에 있기 때문에 최적포트폴리오의 샤프비율과 시장포트폴리오의 샤프비율은 같다. 따라서 샤프비율의 차이는 0이다.

   시장포트폴리오 샤프비율 $= (20-5) \div 15 = 1$

   포트폴리오 A의 샤프비율 $= (17-5) \div 12 = 1$

(3) 최적포트폴리오는 자본시장선에 있기 때문에 시장포트폴리오와의 상관계수는 1이다.

문제 9

다음 물음에 대하여 '옳다' 또는 '옳지 않다'라고 답하시오.

(1) 투자자의 효용을 극대화시키는 최적포트폴리오의 베타 값은 그 투자자의 시장포트폴리오에 대한 투자비율과 동일하다.

(2) 투자자의 위험회피성향이 낮을수록 최적포트폴리오를 구성할 때 시장포트폴리오에 대한 투자비율이 낮아진다.

(3) 시장포트폴리오의 위험프리미엄은 항상 0보다 크다.

(4) 개별 위험자산의 위험프리미엄은 항상 0보다 크다.

해설

(1) 옳다

$$R_p^{CML} = w \times R_m + (1-w) \times R_f \Rightarrow \sigma_p = w \times \sigma_m \Rightarrow \beta_p = w$$

(2) 옳지 않다

$R_p^{CML} = w \times R_m + (1-w) \times R_f$ 에서 위험회피성향이 낮을수록 w가 증가한다.

(3) 옳다

시장포트폴리오의 위험프리미엄$(E(R_m)-R_f)$은 항상 0보다 크다.

(4) 옳지 않다

개별 위험자산의 위험프리미엄은 베타가 음수인 경우 0보다 작다.

문제 10

주가지수를 복제한 포트폴리오의 기대수익률은 12%, 표준편차는 25%이며, 무위험이자율은 2%이다. 펀드매니저 김이 관리하고 있는 펀드 K는 위험자산만으로 구성되었으며, 기대수익률은 16%이고, 표준편차는 15%이다. 현재 펀드매니저 김은 펀드 K에 수수료를 부과하지 않고 있다. 투자자 갑은 소극적 투자자로 주가지수를 복제한 포트폴리오와 무위험자산을 보유하고, 투자자 을은 펀드 K와 무위험자산을 보유하고 있다. 단, 무위험이자율로 무한정 차입과 대출이 가능하다고 가정한다.

(1) 투자자 갑은 주가지수를 복제한 포트폴리오와 무위험이자율에 각각 70%와 30%를 투자하고 있다. 투자자 갑이 보유한 포트폴리오의 기대수익률과 표준편차를 계산하라.

(2) 투자자 을이 투자자 갑과 동일한 기대수익률을 얻기 위해서 펀드 K에 투자해야 하는 비율은 얼마이며, 이 때 투자자 을이 부담하는 위험(표준편차)은 얼마인가?

해설

(1) 자본시장선상의 포트폴리오 : $R_p = \omega \times R_m + (1-\omega) \times R_f \Rightarrow \sigma_p = \omega \times \sigma_m$

　　투자자 갑: $E(R_p) = 0.7 \times 12 + 0.3 \times 2 = 9\%$

　　　　　　　$\Rightarrow \sigma_p = 0.7 \times 25 = 17.5\%$

(2) 투자자 을: $E(R_p) = \omega \times 16 + (1-\omega) \times 2 = 9\% \Rightarrow \omega = 0.5$

　　　　　　　$\Rightarrow \sigma_p = 0.5 \times 15 = 7.5\%$

다음과 같이 시장에 두 개의 위험자산과 무위험자산이 존재하는 자본시장을 가정한다. 무위험이자율은 10%다.

위험자산	개별 자산의 시장가치
주식 A	200억원
주식 B	300억원

투자자 갑은 총 투자금액 1,000원을 시장포트폴리오와 무위험자산에 70%와 30%씩 나누어 투자하고 있다. 투자자 갑은 현재 주식 A와 주식 B에 투자한 금액이 향후 경기 상황에 따른 주가 변화로 인해 다음과 같이 바뀔 것으로 예상하고 있다. 이 때 시장포트폴리오의 위험프리미엄은 몇 %인가?

경기상황	확률	주식 A	주식 B
호황	50%	350원	462원
불황	50%	315원	441원

해 설

$R_m = 0.4 \times R_A + 0.6 \times R_B$

$R_p^{갑} = 0.7 \times R_m + 0.3 \times R_f = 0.28 \times R_A + 0.42 \times R_B + 0.3 \times R_f$

$E(R_m) = 0.4 \times \dfrac{350 \times 0.5 + 315 \times 0.5 - 280}{280} + 0.6 \times \dfrac{462 \times 0.5 + 441 \times 0.5 - 420}{420} = 12\%$

시장포트폴리오의 위험프리미엄 $= 12\% - 10\% = 2\%$

문제 12

다음 물음에 대하여 '옳다' 또는 '옳지 않다'라고 답하시오.

(1) CML과 SML은 기대수익률과 총위험의 상충관계를 공통적으로 설명한다.

(2) CML상의 시장포트폴리오는 어떤 비효율적 포트폴리오보다 위험보상비율이 크다.

(3) SML을 이용하여 비효율적 개별자산의 균형수익률을 구할 수 있다.

(4) 시장포트폴리오와 무위험자산간의 상관계수는 1이다.

(5) 증권시장선의 기울기는 베타와 관계없이 항상 일정한 값을 갖는다.

(6) 자본시장선에서 무위험자산과 시장포트폴리오에 대한 투자가중치는 객관적이지만, 시장포트폴리에 대한 투자비율은 주관적이다.

해 설

(1) 옳지 않다

　　CML은 기대수익률과 총위험의 상충관계를 설명하지만 SML은 기대수익률과 체계적위험의 상충관계만을 설명한다.

(2) 옳다

(3) 옳다

(4) 옳지 않다

　　시장포트폴리오와 무위험자산간의 상관계수는 0이다.

(5) 옳다

(6) 옳지 않다

　　무위험자산과 시장포트폴리오에 대한 투자가중치(최적포트폴리오)는 주관적이지만, 시장포트폴리에 대한 투자비율은 객관적이다.

(주)대한은 총 5억원의 기금을 3개 프로젝트에 투자하고 있으며, 투자금액과 베타계수는 다음과 같다. 주어진 자료에 근거하여 추정된 SML로부터 산출한 기금의 기대수익률은 얼마인가?

프로젝트	투자금액	베타계수
A	1.4억원	0.5
B	2.0억원	1.6
C	1.6억원	2.0

무위험자산수익률은 5%이며, 내년도 시장수익률의 추정확률분포는 다음과 같다.

확 률	시장수익률
0.2	9 %
0.6	12 %
0.2	15 %

해 설

(1) 포트폴리오(기금)의 베타

$$\beta_p = \sum_{i=1}^{n} w_i \times \beta_i = 0.5 \times \frac{1.4}{5} + 1.6 \times \frac{2}{5} + 2.0 \times \frac{1.6}{5} = 1.42$$

(2) 시장포트폴리오의 기대수익률

$$E(R_m) = 9 \times 0.2 + 12 \times 0.6 + 15 \times 0.2 = 12\%$$

(3) 포트폴리오(기금)의 기대수익률

$$E(R_i) = R_f + (R_m - R_f) \times \beta_i = 5 + (12-5) \times 1.42 = 14.94\%$$

문제 14

CAPM이 성립하는 세계에서 두 주식 A와 B의 수익률을 분석한 결과는 다음 표와 같다고 하자, 법인세율은 40%이다.

주식	기대수익률	베타
A	0.10	0.8
B	0.12	1.2

(1) 투자자 '종국'은 10억원의 투자자금으로 시장포트폴리오를 따라가는 지수펀드와 주식 B에 5 : 5로 투자하였다. '종국'이 이투자로부터 얻기로 기대하는 수익률은 얼마인가?

(2) A기업은 무부채기업(unlevered firm)으로 여러개의 사업부를 가지고 있는데, 그 중 성과가 좋지 않은 하나의 사업부 X를 매각하려고 한다. 사업부 X의 장부가치는 기업전체 장부가치의 50%로, 사업부 X의 시장가치는 기업전체 시장가치의 20%로 평가되고, 베타는 기업전체 베타의 2배이다. 사업부 X를 매각한 다음의 A기업의 베타는 얼마인가? 단, 매각대금은 무위험자산에 투자한다고 가정한다.

해 설

(1) 증권시장선을 이용한 포트폴리오의 기대수익률

SML 기울기: $E(R_m) - R_f = \dfrac{E(R_B) - E(R_A)}{\beta_B - \beta_A} = \dfrac{12 - 10}{1.2 - 0.8} = 5$

$E(R_A) = 10 = R_f + 5 \times \beta_A \Rightarrow R_f = 6$

$E(R_P) = 0.5 \times E(R_m) + 0.5 \times E(R_B) = (0.5 \times 11) + (0.5 \times 12) = 11.5\%$

(2) 베타의 가산원리

   1) 매각 전 A주식의 베타

   사업부 X의 베타는 A기업 베타의 두 배이므로 $\Rightarrow \beta_X = 0.8 \times 2 = 1.6$

   $\beta_A = w \times \beta_X + (1 - w) \times \beta_{나머지}$

   $0.8 = 0.2 \times 1.6 + 0.8 \times \beta_{나머지} \Rightarrow \beta_{나머지} = 0.6$

   2) 매각후의 A주식의 베타

   $\beta_A = 0.2 \times 0 + 0.8 \times 0.6 = 0.48$

자본자산가격결정모형(CAPM)이 성립하는 세계에서 완전히 분산된 포트폴리오 A와 B가 증권시장에서 거래되고 있다. 각 포트폴리오의 현재 시가총액과 시장포트폴리오 대비 시가총액 비중, 1기간 후 기대 시가총액과 시장포트폴리오 대비 기대시가총액비중은 다음과 같다.

포트폴리오	현재		1기간 후	
	시가총액	시가총액 비중	기대시가 총액	기대시가 총액비중
A	20,000원	1%	25,300원	1.1%
B	80,000원	4%	96,600원	4.2%

시장포트폴리오 수익률의 표준편차는 15%이며, 위험프리미엄은 10%이다.

(1) 포트폴리오 A와 포트폴리오 B의 베타를 각각 구하시오.

(2) 투자자 갑이 현재 보유하고 있는 포트폴리오의 총금액은 6만원이며, 표준편차는 18%이다. 무위험이자율로 차입/대출하는데 아무런 제약이 없다. 갑의 고유자본의 1기간 후 가치를 계산하시오.

해설

(1) 시장포트폴리오 현재 시장가치 $= \dfrac{20,000}{0.01} = \dfrac{80,000}{0.04} = 2,000,000$

시장포트폴리오의 1기간 후 시장가치 $= \dfrac{25,300}{0.011} = \dfrac{96,600}{0.042} = 2,300,000$

$E(R_m) = \dfrac{2,300,000 - 2,000,000}{2,000,000} = 15\%, \ R_f = 15\% - 10\% = 5\%$

$E(R_A) = \dfrac{25,300 - 20,000}{20,000} = 26.5\% = 5\% + 10\% \times \beta_A$ 에서 $\beta_A = 2.15$

$E(R_B) = \dfrac{96,600 - 80,000}{80,000} = 20.75\% = 5\% + 10\% \times \beta_B$ 에서 $\beta_B = 1.575$

(2) 자본시장선

$E(R_p) = R_f + \dfrac{[E(R_m) - R_f]}{\sigma_m} \times \sigma_p = 5 + \dfrac{10}{15} \times 18 = 17\%$

1년 후의 고유자산 $= 60,000 \times 1.17 = 70,200$원

문제 16

CAPM이 성립한다는 가정 하에 다음 문장의 (a)와 (b)에 들어갈 값은 얼마인가?

"주식 A 수익률과 주식 B 수익률의 표준편차는 각각 10%와 20%이며, 시장포트폴리오 수익률의 표준편차는 10%이다. 시장포트폴리오 수익률은 주식 A 수익률과 상관계수가 0.4이고, 주식 B 수익률과는 상관계수가 0.8이다. 주식 A와 주식 B의 베타는 각각 0.4와 (a)이며, 주식 A와 주식 B로 구성된 포트폴리오의 베타가 0.76이기 위해서는 주식 B에 대한 투자비율이 (b) 이어야 한다."

해설

$\beta_i = \rho_{im} \times \dfrac{\sigma_i}{\sigma_m}$ ⇨ 주식 B의 베타 $= 0.8 \times 20\%/10\% = 1.6$

$\beta_p = 0.4 \times (1-\omega) + 1.6 \times \omega = 0.76$ ⇨ $\omega = 0.3$

다음은 내년도 경기상황에 따른 시장포트폴리오의 수익률과 주식 A와 B의 수익률 예상치이다. 경기상황은 호황과 불황만 존재하며 호황과 불황이 될 확률은 동일하다. 증권시장선(SML)을 이용하여 주식 A의 베타(β_A)와 주식 B의 베타(β_B)를 비교할 때, β_A는 β_B의 몇 배인가? (단, CAPM이 성립하고 무위험자산수익률은 5%이다.)

경기상황	수익률		
	시장포트폴리오	주식 A	주식 B
호황	12.5%	20.0%	27.5%
불황	7.5%	10.0%	12.5%

해 설

$E(R_m) = 0.5 \times 12.5 + 0.5 \times 7.5 = 10\%$

$E(R_A) = 0.5 \times 20 + 0.5 \times 10 = 15 = 5 + (10-5) \times \beta_A \Rightarrow \beta_A = 2$

$E(R_B) = 0.5 \times 27.5 + 0.5 \times 12.5 = 20 = 5 + (10-5) \times \beta_B \Rightarrow \beta_B = 3$

∴ 주식 A의 베타는 2이며 주식 B의 베타는 3이므로 2/3배이다.

문제 18

두 개의 주식만 존재하는 자본시장에서 주식 A의 시가총액은 주식 B의 시가총액 세 배이다. A 주식 수익률의 표준편차는 0.2이고 B 주식 수익률의 표준편차는 0.4이다. A와 B 주식 수익률간 상관계수는 0.6이다. 단, 시장모형이 성립한다.

(1) 시가총액가중 주가지수의 수익률의 표준편차를 구하시오.
(2) A 주식의 베타를 구하시오.
(3) B주식의 총위험(분산)을 체계적 위험 부분과 비체계적 위험 부분으로 분리하시오.

해설

(1) 시장포트폴리오

시장포트폴리오의 구성 : $R_m = 0.75 \times R_A + 0.25 \times R_B$

$\sigma_{AB} = \sigma_A \times \sigma_B \times \rho_{AB} = 20 \times 40 \times 0.6 = 480$

$\sigma_m^2 = w^2\sigma_A^2 + (1-w)^2\sigma_B^2 + 2w(1-w)\sigma_{AB}$

$= (0.75)^2 \times 20^2 + (0.25)^2 \times 40^2 + 2 \times 0.75 \times 0.25 \times 480 = 505 \ \Rightarrow \ \therefore \sigma_m = \sqrt{505} = 22.47\%$

(2) 공분산을 이용한 베타

$Cov(R_A, R_m) = Cov(R_A, 0.75R_A + 0.25R_B)$

$= 0.75 \times \sigma_A^2 + 0.25 \times \sigma_{AB} = 0.75 \times (20)^2 + 0.25 \times 480 = 420$

$\beta_A = \dfrac{\sigma_{Am}}{\sigma_m^2} = \dfrac{420}{505} = 0.8317$

(3) 시장모형 : $\sigma_i^2 = \beta_i^2 \times \sigma_m^2 + Var(e_i)$

1) 주식B의 베타 : $\beta_m = 0.75 \times 0.8317 + 0.25 \times \beta_B = 1 \rightarrow \beta_B = 1.5049$

2) 체계적 위험 : $\beta_B^2 \times \sigma_m^2 = (1.5049)^2 \times 505 = 1144 \ \Rightarrow \ 0.1144$

3) 비체계적 위험 : $40^2 - 1144 = 456 \ \Rightarrow \ 0.0456$

지난 5년 동안 시장포트폴리오의 평균초과수익률은 17%이고, 표준편차는 20%이다. 무위험 수익률은 4%로 일정하다. 지난 5년 동안 주식 A의 초과수익률($R_{A,t} - R_f$)과 시장포트폴리오의 초과수익률($R_{M,t} - R_f$)을 이용하여 다음과 같은 회귀식을 추정하였다.

$$(R_{A,t} - R_f) = \alpha_A + \beta_B(R_{M,t} - R_f) + \varepsilon_{A,t}$$

회귀분석의 결과를 이용하여 추정한 주식 A에 대한 성과지표들은 다음과 같다. 단, 정보비율은 '젠센의 알파/잔차의 표준편차'로 계산된다.

샤프지수	트레이너지수	젠센의 알파	정보비율
( )	0.2	2.7%	0.2

(1) 주식 A의 베타는 얼마인가?
(2) 주식 A의 샤프지수는 얼마인가?

해설

(1) 증권시장선을 이용한 베타

$$\frac{R_A - R_f}{\beta_A} = 20\% \quad \Rightarrow \quad R_A - R_f = \beta_A \times 20$$

$$R_A - R_f = 2.7 + \beta_A \times 17 = 20 \times \beta_A \quad \Rightarrow \quad \beta_A = 0.9$$

(2) 정보비율을 이용한 샤프지수

$$0.2 = \frac{2.7}{\sigma_{\varepsilon A}} \quad \Rightarrow \quad \sigma_{\varepsilon A} = \frac{2.7}{0.2} = 13.5$$

$$\sigma_A^2 = 0.9^2 \times 20^2 + 13.5^2 = 505.25 \Rightarrow \sigma_A = 22.5$$

$$\frac{R_A - R_f}{\sigma_A} = \frac{20 \times 0.9}{22.5} = 0.80$$

(2009, 2차)

문제 20

아래의 표는 위험요인이 1개이고 잘 분산된 두 개의 포트폴리오 백두산펀드와 한라산펀드의 기대수익률과 베타계수를 나타낸 것이다.

포트폴리오	기대수익률	베타계수
백두산펀드	16%	0.8
한라산펀드	20%	1.6

(1) 시장에서 차익거래가 존재하지 않기 위한 무위험이자율을 구하시오.

(2) 시장에 CAPM모형이 성립한다고 가정하자. 또한 백두산펀드와 한라산펀드의 수익률의 표준편차가 각각 18%, 25%이고 시장수익률의 표준편차가 14%라고 하자. 두 포트폴리오의 체계적위험이 총위험 중에서 차지하는 비율을 구하시오.

해 설

(1) 증권시장선을 이용한 무위험이자율

백두산 펀드의 균형수익률: $16 = R_f + (R_m - R_f) \times 0.8$

한라산 펀드의 균형수익률: $20 = R_f + (R_m - R_f) \times 1.6$

위의 두 식을 연립으로 풀면 $R_f = 12\%$, $R_m - R_f = 5\%$

(2) 시장모형 : $\sigma_i^2 = \beta_i^2 \times \sigma_m^2 + Var(e_i)$

백두산 : $0.18^2 = 0.8^2 \times 0.14^2 + 0.0199 \Rightarrow \dfrac{0.8^2 \times 0.14^2}{0.18^2} = 38.72\%$

한라산 : $0.25^2 = 1.6^2 \times 0.14^2 + 0.0123 \Rightarrow \dfrac{1.6^2 \times 0.14^2}{0.25^2} = 80.28\%$

A펀드와 주가지수의 과거 3년 동안의 연간 수익률 r_A와 r_M은 다음과 같다. 같은 기간 중 무위험수익률은 매년 1%였다. 소수점 다섯째 자리에서 반올림하여 넷째 자리까지 사용하시오.

연도	r_A	r_M
2007년	8%	2%
2008년	−2%	0%
2009년	3%	4%

(1) 주가지수수익률의 표준편차를 추정하시오.

(2) 시장모형($r_{At} = \alpha_A + \beta_A r_{Mt} + \epsilon_{At}$)의 회귀계수 $\widehat{\alpha_A}$ 와 $\widehat{\beta_A}$ 를 구하시오.

해설

(1) 시장포트폴리오

　　1) 평균 수익률 : $\overline{R_m} = \dfrac{2+0+4}{3} = 2\%$

　　2) 주가지수 수익률의 분산 : $\sigma_m^2 = \dfrac{(2-2)^2 + (0-2)^2 + (4-2)^2}{3-1} = 4$

　　3) 주가지수 수익률의 표준편차 : $\sigma_m = \sqrt{4} = 2\%$

(2) 시장모형

　　1) A펀드 평균 수익률 : $\overline{R_A} = \dfrac{8-2+3}{3} = 3\%$

　　2) A펀드와 주가지수의 공분산

　　　　$\sigma_{Am} = \dfrac{(8-3)(2-2) + (-2-3)(0-2) + (3-3)(4-2)}{3-1} = 5$

　　3) A펀드의 베타 : $\beta_A = \dfrac{\sigma_{Am}}{\sigma_m^2} = 1.25$

　　4) A펀드의 알파 : $\overline{R_A} = \alpha_A + \beta_A \times \overline{R_m}$ ⇨ $3 = \alpha_A + 1.25 \times 2$ ⇨ $\alpha_A = 0.005$

　　▶ 표본의 공분산은 자유도를 고려하여 n−1로 계산한다.

(2011. 2차)

과거의 역사적 자료가 미래의 발생 가능한 상황을 설명할 수 있다는 가정 하에 2005년부터 최근까지 주식A와 주식 B의 초과주식수익률을 이용하여 다음과 같이 증권특성선을 추정하였다. 동기간동안 주식 A의 표준편차는 16%, 주식 B의 표준편차는 60%, 시장포트폴리오의 표준편차는 10%로 계산되었다. 시장모형이 성립한다.

$$R_A = 1.2 + 0.8R_M + e_A \qquad R_B = -0.3 + 1.5R_M + e_B$$

단, R_A는 주식 A의 수익률에서 무위험수익률을 차감한 주식 A의 초과수익률, R_B는 주식 B의 수익률에서 무위험수익률을 차감한 주식 B의 초과수익률, R_M은 시장포트폴리오 수익률에서 무위험수익률을 차감한 시장초과수익률, e_A는 주식 A의 잔차, e_B는 주식 B의 잔차를 각각 의미한다.

(1) 주식 A와 시장포트폴리오간의 상관계수를 구하시오.
(2) 주식 A에 60%, 주식 B에 40% 투자한 포트폴리오의 표준편차를 구하시오.

해설

(1) 베타를 이용한 상관계수

주식 A의 상관계수 : $\beta_A = 0.8 = \dfrac{16}{10} \times \rho_{AM} \Rightarrow \rho_{AM} = 0.5$

(2) 시장모형을 이용한 포트폴리오의 위험

1) 주식 A의 잔차분산 : $16^2 = 0.8^2 \times 10^2 + Var(e_A) \Rightarrow Var(e_A) = 192$

2) 주식 B의 잔차분산 : $60^2 = 1.5^2 \times 10^2 + Var(\epsilon_B) \Rightarrow Var(e_B) = 3375$

3) 주식A에 60%, 주식B에 40% 투자한 포트폴리오의 베타
$\beta_p = w_1 \times \beta_1 + w_2 \times \beta_2 = 0.6 \times 0.8 + 0.4 \times 1.5 = 1.08$

4) 주식A에 60%, 주식B에 40% 투자한 포트폴리오의 잔차분산
$Var(e_p) = w_1^2 \times Var(e_1) + w_2^2 \times Var(e_2) = 0.6^2 \times 192 + 0.4^2 \times 3375 = 6091$

5) 주식A에 60%, 주식B에 40% 투자한 포트폴리오의 표준편차
$\sigma_p^2 = \beta_p^2 \times \sigma_m^2 + Var(e_p) = 1.08^2 \times 10^2 + 6091 \Rightarrow \sigma_p = 26.94\%$

문제 23

수익률이 2개의 위험요인으로 생성된다고 가정하자. 다음과 같이 잘 분산된 3개의 포트폴리오가 존재한다. 여기서 bi1과 bi2는 각 포트폴리오의 첫 번째와 두 번째 요인에 대한 민감도 이다.

포트폴리오	기대수익률	b_{i1}	b_{i2}
A	9.25	1.0	0.5
B	8.75	0.5	0.9
C	6.70	0.4	0.2

(1) APT 위험-기대수익률 관계를 나타내는 식을 구하라

(2) D 포트폴리오의 기대수익률이 8.7%이고 b_{i1}이 0.725, b_{i2}가 0.525라고 가정하자. 차익거래 과정을 정확히 설명하고 무위험 이익(%)을 계산하라. (이를 위해 새로 구성한 포트폴리오를 E로 명명할 것)

해설

(1) APT 균형선 : $E(R_i) = \lambda_0 + \lambda_1 \times b_{i1} + \lambda_2 \times b_{i2}$

　　A의 기대수익률 $= 9.25 = \lambda_0 + \lambda_1 \times 1 + \lambda_2 \times 0.5$

　　B의 기대수익률 $= 8.75 = \lambda_0 + \lambda_1 \times 0.5 + \lambda_2 \times 0.9$

　　C의 기대수익률 $= 6.70 = \lambda_0 + \lambda_1 \times 0.4 + \lambda_2 \times 0.2$

　　연립으로 풀면 $\lambda_0 = 5, \lambda_1 = 3, \lambda_2 = 2.5$ ⇨ $E(R_i) = 0.05 + 0.03 \times b_{i1} + 0.025 \times b_{i2}$

(2) 차익거래

　　1) D의 균형수익률 : $E(R_D) = 5 + 3 \times 0.725 + 2.5 \times 0.525 = 8.4875\%$

　　　　기대수익률 8.7% > 균형수익률 8.4875% ⇨ 주식의 시장가격은 과소평가

　　2) D의 복제포트폴리오 : $R_p = w_A R_A + w_B R_B + w_C R_C$

　　　　① $w_A + w_B + w_C = 1$

　　　　② $1.0 \times w_A + 0.5 \times w_B + 0.4 \times w_C = 0.725$

　　　　③ $0.5 \times w_A + 0.9 \times w_B + 0.2 \times w_C = 0.525$

　　　　연립으로 풀면 $w_A = 0.5, w_B = 0.25, w_C = 0.25$

　　　　$E(R_P) = 0.5 \times 9.25 + 0.25 \times 8.75 + 0.25 \times 6.70 = 8.4875\%$

　　3) 차익포트폴리오 : D 매수, 복제포트폴리오 매도

　　　　→ 투자원금의 100% D 매수, 50% A매도, 25% B매도, 25% C매도

　　4) 차익포트폴리오의 기대수익률

　　　　$= 1 \times 8.7 + (-0.50) \times 9.25 + (-0.25) \times 8.75 + (-0.25) \times 6.79 = 0.2125\%$

문제 24   (2019, 2차)

사회적 책임활동이 활발한 기업에 주로 투자하는 주식형 펀드 '케이'의 운용성과를 사후적으로 측정하기 위하여 다음과 같은 회귀모형을 추정하였다.

$$R_k = 0.09 + 0.92 R_m - 0.16 SMB + 0.08 HML + \epsilon_k$$
$$\quad (0.03) \quad (0.25) \quad\quad (0.05) \quad\quad (0.12) \quad\quad\quad\quad \overline{R^2} = 0.21$$

표본으로 2010년 1월부터 2021년 12월까지 월별 자료를 이용하였다. R_k는 펀드 '케이'의 수익률에서 무위험이자율을 차감한 펀드 '케이'의 초과수익률, R_m은 시장포트폴리오 수익률에서 무위험이자율을 차감한 시장초과수익률, SMB는 Fama와 French의 기업규모요인, HML은 Fama와 French의 가치요인, ϵ_k는 펀드 '케이'의 잔차, $\overline{R^2}$는 조정 R^2를 의미한다. 추정 회귀계수 아래 괄호안의 숫자는 표준오차를 나타낸다.

회귀모형 추정결과를 이용하여 기업규모요인과 가치요인의 유의성을 판별한 다음 그 의미를 설명하시오.

해설

회귀모형 추정결과를 이용하여

① 기업규모요인 $t = \dfrac{-0.16 - 0}{0.05} = -3.2$

    ⇨ 절대값이 2 이상이므로 펀드K의 수익률은 기업규모요인과 관련이 있으며, 펀드K는 대형주 펀드이다.

② 가치요인 $t = \dfrac{0.08 - 0}{0.12} = 0.67$

    ⇨ 절대값이 2보다 작기 때문에 펀드 K의 수익률은 가치요인과는 관계가 없다.

SMART

심화 **재무관리**

Chapter

채 권

Chapter 04 채 권

 핵심이론

1 채권의 기초

1. 이표채 (이자부채권)

(1) **만기보유** : $B_0 = \sum_{t=1}^{n} \dfrac{C}{(1+YTM)^t} + \dfrac{F}{(1+YTM)^n}$

- 만기수익률 (YTM : yield−to−maturity)
- 만기까지 보유할 경우의 수익률로 재투자수익률을 만기수익률로 가정
- 이자율 변동에 따른 가격 변동위험은 없지만 재투자위험은 존재

(2) **중도매각** : 1년 후에 매각하는 경우 $B_0 = \dfrac{C+E(B_1)}{(1+HPY)^1}$

- 보유수익률 (HPY : holding−period−yield)
- 이자율 변동에 따른 가격 변동위험과 재투자위험은 존재

2. 무이표채 (할인채권)

(1) **만기보유** : $B_0 = \dfrac{F}{(1+{}_oR_n)^n}$

- 현물이자율$(= {}_oR_n)$
- 이자율 변동에 따른 가격 변동위험과 재투자위험이 없다.

(2) **중도매각** : 1년 후에 매각하는 경우 $B_0 = \dfrac{E(B_1)}{(1+HPY)^1}$

3. 영구채

(1) **만기보유** : $B_0 = \dfrac{C}{R}$

(2) 만기수익률과 보유수익률은 이표채와 동일한 성격을 갖는다.

4. 말킬의 채권가격정리

① 채권 가격과 수익률은 역의 관계이다.

② 잔존기간(만기)이 긴 채권이 잔존기간(만기)이 짧은 채권보다 가격 변동폭이 크다.

③ 채권 수익률 변동에 따른 채권 가격의 변동폭은 만기가 길어질수록 증가하나 그 증가율은 체감한다.

④ 잔존 기간(만기)이 일정할 때 채권 수익률 하락으로 인한 가격 상승폭이 같은 폭의 수익률 상승으로 인한 채권 가격 하락폭보다 크다.

⑤ 표면이자율이 높을수록 채권 가격 변동폭이 작다.

5. 채권의 위험

(1) 이자율위험 = 가격위험 + 재투자위험

	가격 위험	재투자 수익
이자율 상승	채권가격 하락	재투자소득의 증가
이자율 하락	채권가격 상승	재투자소득의 감소

(2) 채무불이행위험

- 국채는 채무불이행위험이 없으며 회사채는 채무불이행 위험이 있다.
- 채권등급 또는 신용등급으로 채무불이행 위험을 측정한다.

(3) 인플레이션위험

채권의 수익률은 명목이자율이므로 모든 채권은 인플레이션 위험이 있다.

2 채권의 균형가격

1. 무이표채 균형수익률

(1) 현물이자율과 선도이자율

만기1년 현물이자율과 만기 2년 현물이자율의 관계

만기 2년 현물이자율은 만기1년 현물이자율과 선도이자율의 기하평균

$$(1 + {}_0R_2)^2 = (1 + {}_0R_1) \times (1 + {}_1f_2)$$

투자전략 ① : 만기 2년 무이표채 매입

투자전략 ② : 만기 1년 무이표채 매입 + 금리 선물매수 (만기 1년)

(2) 차익거래

$$(1+{}_0R_2)^2 > (1+{}_0R_1) \times (1+{}_1f_2)$$

투자전략 ①의 수익률이 더 높기 때문에 투자전략 ①은 매수하고 투자전략 ②는 매도

(3) 만기3년 무이표채 균형수익률

$$(1+{}_0R_3)^3 = (1+{}_0R_1) \times (1+{}_1f_3)^2 = (1+{}_0R_2)^2 \times (1+{}_2f_3)^1$$

2. 이표채의 균형가격

(1) 이표채의 균형가격

이표채의 균형가격은 이표채의 원금 및 이자의 현금흐름과 동일한 무이표채 복제포트폴리
오의 현재가치와 동일한 가격

$$B_0 = \sum_{t=1}^{n} \frac{C}{(1+{}_0R_t)^t} + \frac{F}{(1+{}_0R_n)^n}$$

(2) 이표채의 시장가격 및 기대수익률

$$B_0 = \sum_{t=1}^{n} \frac{C}{(1+YTM)^t} + \frac{F}{(1+YTM)^n}$$

(3) 차익거래

이표채의 시장가격 〉 이표채의 균형가격 ⇨ 이표채 매도, 이표채 복제포트폴리오 매수

3 기간구조이론

1. 불편기대이론 (순수기대가설)

선도이자율이 미래에 발생할 예상이자율과 일치한다고 가정하는 이론

$$(1+{}_0R_2)^2 = (1+{}_0R_1) \times (1+E({}_1R_2))$$

2. 유동선 선호이론 (유동성 프리미엄가설)

선도이자율이 미래의 각 기간별 기대현물이자율과 유동성 프리미엄의 합이 된다.

$$E(_1R_2) +\, _1L_2 =\, _1f_2 \quad \Rightarrow \quad (1 +\, _0R_2)^2 = (1 +\, _0R_1) \times (1 + E(_1R_2) +\, _1L_2)$$

시간이 1년 경과하면 유동성 프리미엄을 1기간씩 조정한다.

4 듀레이션

1. 듀레이션의 의의

- 채권 현금흐름의 가중평균회수기간
- 이자율 변동에 따른 가격위험과 재투자 수익률 위험을 면역하는 기간
- 이자율 변동에 따른 채권가격변동의 민감도

2. Macaulay 듀레이션

$$D = \sum_{t=1}^{n} t \times \frac{C_t}{(1+R)^t} \times \frac{1}{B_0}$$

3. 수정듀레이션 (MD) : $MD = \dfrac{D}{1+R}$

4. 채권의 종류와 듀레이션

(1) **이표채** : D 〈 만기

(2) **무이표채** : D = 만기

(3) **영구채** : D = 1 + 1/R

5. 듀레이션의 결정요인

- 만기 (+)
- 표시이자율 및 채권수익률 (−)

6. 듀레이션 가산원리 : $D_p = \displaystyle\sum_{i=1}^{n} w_i \times D_i$

7. 시장이자율 변동에 따른 채권가격의 변동

(1) **변동금액** : $dB = -\dfrac{D}{1+R} \times B_0 \times dR$

(2) **변동률** : $\dfrac{dB}{B_0} = -\dfrac{D}{1+R} \times \Delta R$

8. 연간 이자지급횟수가 m인 경우

(1) **채권가격** : $B_0 = \sum_{t=1}^{n} \frac{C_t}{(1+R/m)^t}$

(2) **듀레이션** : $D = \frac{1}{m} \times \sum_{t=1}^{n} t \times \frac{C_t}{(1+R/m)^t} \times \frac{1}{B_0}$

(3) **듀레이션에 의한 가격변동** : $dB = -B_o \times \frac{D}{1+R/m} \times dR$

5 볼록성

1. 의의

시장이자율이 하락할 때 채권가격이 상승하는 정도는 시장이자율이 같은 크기만큼 상승할 때 채권가격이 하락하는 정도보다 더 크다.

2. 볼록성

$C = B_0'' \times \frac{1}{B_0}$ 또는 $C = \frac{1}{2} \times B_0'' \times \frac{1}{B_0}$

$B_0'' = \sum_{t=1}^{n} t \times (t+1) \times \frac{C_t}{(1+R)^{t+2}}$

3. 볼록성 결정요인

- 만기 (+)
- 표시이자율 및 채권수익률 (−)

4. 듀레이션과 볼록성을 이용한 채권가격의 변동

(1) **변동금액** : $dB = -\frac{D}{1+R} \times B_0 \times dR + \frac{1}{2} C \times B_0 \times (dR)^2$

(2) **변동률** : $\frac{dB}{B_0} = -\frac{D}{1+R} \times \Delta R + \frac{1}{2} C \times (dR)^2$

6 채권의 투자전략

1. 소극적 전략

이자율변동위험의 제거를 목적으로 하는 채권 투자전략

(1) 면역전략

(2) 사다리형 만기전략 : 목표만기내에서 각 만기일의 채권에 균등하게 투자하는 전략

(3) 바벨형 만기전략 : 단기채권과 장기채권만으로 포트폴리오를 구성하는 전략

2. 적극적 전략

미래를 예측하여 초과수익의 달성을 목적으로 하는 채권 투자전략

(1) 채권의 교체매매 전략

이자율의 하락예상 → 채권강세가 예상되므로 듀레이션 증가

(2) 수익률 곡선타기 전략

수익률 곡선이 우상향 고정되어 있는 경우 장기채를 매입한 후 만기이전에 보유채권을 매도하고 동일한 채권의 만기에 재투자하여 자본이득을 얻는 전략

3. 면역전략

채권 포트폴리오 목표투자기간 = 포트폴리오의 듀레이션
이자율 변동 또는 기간경과에 따른 포트폴리오 재조정이 요구됨

7 ALM (자산부채관리기법)

1. 은행의 재무상태표

이자율 변동에 따른 자산의 변동금액 : $dA = -\dfrac{D_A}{1+R} \times A \times dR$

이자율 변동에 따른 부채의 변동금액 : $dL = -\dfrac{D_L}{1+R} \times L \times dR$

이자율 변동에 따른 자기자본의 변동금액 : $dK = dA - dL$

2. 자산과 부채의 듀레이션

듀레이션의 가산원리를 이용하여 자산과 부채의 수정듀레이션을 산출

$$MD_A = w_1 \times MD_1 + w_2 \times MD_2 + w_3 \times MD_3 \quad \Rightarrow \quad dA = -MD_A \times A \times dR$$

$$MD_L = w_4 \times MD_4 + w_5 \times MD_2 \qquad\qquad \Rightarrow \quad dL = -MD_L \times L \times dR$$

3. 면역전략

$$D_A \times A = D_L \times L \quad \Rightarrow \text{이자율 변동위험 없음}$$

$$D_A \times A > D_L \times L \quad \Rightarrow \text{이자율 상승 시 손실위험}$$

4. 자기자본의 듀레이션을 이용한 자기자본의 변동금액

$$MD_A = MD_L \times \frac{L}{A} + MD_K \times \frac{K}{A} \rightarrow MD_K \text{ 도출} \quad \Rightarrow \quad dK = -MD_K \times K \times dR$$

5. 듀레이션갭을 이용한 자기자본의 변동금액

$$\frac{L}{A} = w \rightarrow MDGAP = MD_A - MD_L \times w \quad \Rightarrow \quad dK = -MDGAP \times A \times dR$$

8 VaR (Value at Risk)

1. 정의

"정상적인 시장 상황하에서 주어진 신뢰수준으로 목표기간동안 발생할 수 있는 최대손실금액"
을 의미한다. 예를 들면 3개월 동안 VaR=100억원(신뢰수준 95%)이라면 정상적인 시장상황하
에서 3개월동안 100억원 이상의 손실이 발생할 확률이 5%를 의미한다.

2. 최저수익률의 측정 (R)

평균이 0, 표준편차가 1인 표준정규분포를 사용하여 주어진 신뢰수준하에서의 최저수익률(R)
을 측정한다. 신뢰수준이 95%라면 확률 90%에 해당되는 Z=−1.65를 구한다.

$$Z = \frac{R - E(R)}{\sigma} \quad \Rightarrow \quad R = E(R) + Z \times \sigma$$

3. 평균기준 VaR의 측정

평균기준 VaR는 포트폴리오의 평균값에 대한 상대손실금액으로 다음과 같이 측정한다.

$$\text{VaR (평균)} = -W_0 \times (R - E(R)) = -W_0 \times Z \times \sigma$$

4. 절대기준 VaR의 측정

절대기준 VaR는 포트폴리오의 "0"에 대한 절대손실금액으로 다음과 같이 측정한다.

$$\text{VaR(절대)} = -W_0 \times (R - 0) = -W_0 \times R$$

5. 목표기간(T)의 기대수익률과 표준편차

- 목표기간(T)의 기대수익률 = 연간 기대수익률 $\times T/12$
- 목표기간(T)의 표준편차 = 연간 표준편차 $\times \sqrt{T/12}$

연습문제

문제 1 (1995, 2차)

액면금액이 100,000원인 무이표채 A, B의 채권가격은 다음과 같이 형성되어 있다.

A : 1년 만기 채권의 가격 : 94,000원

B : 2년 만기 채권의 가격 : 89,000원

선물 (1년 후 1년 만기 무이표채) : 96,000원

선물과 채권을 활용하여 차익거래 전략을 제시하시오. 단, 금년도 1월 1일 시점($t = 0$)을 제외한 다른 시점($t = 1, 2$)의 순현금흐름은 0이 되도록 차익거래를 구성한다. 1단위 이하로 분할하여 채권의 거래가 가능하다고 가정한다.

해설

(1) 만기1년 현물이자율(채권A) : $94,000 = \dfrac{10,000}{1 + {}_0R_1} \Rightarrow {}_0R_1 = 6.38\%$

(2) 만기2년 현물이자율(채권B) : $89,000 = \dfrac{10,000}{(1 + {}_0R_2)^2} \Rightarrow {}_0R_2 = 6\%$

(3) 금리선물 선도이자율 : $96,000 = \dfrac{10,000}{1 + {}_1f_2} \Rightarrow {}_1f_2 = 4.17\%$

$(1 + {}_0R_2)^2 > (1 + {}_0R_1) \times (1 + {}_1f_2) \Rightarrow$ 채권B를 매수하고 채권A와 선물은 매도한다.

투자전략	현재시점	1년후	2년후
채권B매입	−89,000		+100,000
선물매도	0	+96,000	−100,000
채권A매도	*90,240	−96,000	
합계	+1,240	0	0

* $96,000 \times 0.94 = 90,240$

문제 2

다음의 조건을 갖는 국채 A, B, C가 있다. 이자율은 모두 연 이자율이며, 이표채는 연 1회 이자를 지급한다. 다음 각 물음에 답하시오.

국채	만기	액면금액	액면이자율	만기수익률
A	1년	1,000원	10%	10%
B	2년	1,000원	20%	15%
C	3년	1,000원	0%	15.2%

(1) 2년 만기 현물이자율은 얼마인가?

(2) 1년 후부터 2년 후까지의 선도이자율은 얼마인가?

(3) 2년 후부터 3년 후까지의 선도이자율은 얼마인가?

(4) 1년이 지나도 수익률곡선이 현재와 동일하게 유지된다고 예상하는 투자자 갑이 있다. 현재 시점에서 국채 C를 매입하고 1년 후 매도한다면 투자자 갑이 예상하는 투자수익률은 얼마인가?

해설

(1) 채권 A: $_0R_1 = 10\%$ 채권 C: $_0R_3 = 15.2\%$

채권 B: $\dfrac{200}{1.15^1} + \dfrac{1200}{1.15^2} = \dfrac{200}{1.10^1} + \dfrac{1200}{(1+_0R_2)^2}$ 에서 $_0R_2 = 15.5\%$

(2) $(1.10) \times (1+_1f_2) = (1.155)^2$ 에서 $_1f_2 = 21.3\%$

(3) $(1.155)^2 \times (1+_2f_3) = (1.152)^3$ 에서 $_2f_3 = 14.6\%$

(4) 국채 C 1년 보유수익률 $= \dfrac{\dfrac{1000}{1.155^2}}{\dfrac{1000}{1.152^3}} - 1 = 14.6\%$

문제 3

금년도 1월 1일($t = 0$) 기준으로 만기, 액면금액, 액면이자율, 만기수익률이 상이한 채권들이 아래 표에 제시되어 있다. 자본시장에서 채권 A, B, C가 각각 균형가격 하에 있고 모든 이자 지급 주기는 1년으로 가정한다.

채권	만기	액면금액	액면이자율	만기수익률
A	1년	100,000원	0%	6%
B	2년	70,000원	10%	9%
C	3년	50,000원	15%	12%
D	3년	100,000원	20%	13%

(1) 금년도 1월 1일 시점($t=0$)에서 채권 A, B, C의 시장가격은 각각 얼마인가?

(2) 금년도 1월 1일 시점($t=0$)에서 $t=k$년 만기 현물이자율을 $_0i_k$, $t=k$년 시점에서 1년 만기 선도이자율을 $_kf_{k+1}$으로 각각 표기한다. $(1+_0i_2)^2$ $(1+_0i_3)^3$, $_1f_2$, $_2f_3$은 각각 얼마인가?

(3) 채권을 매입, 매도하는 경우 거래비용이 없다고 가정하고 다음에 대해 답하시오.

① 채권 D의 시장가격과 균형가격을 각각 계산하고 채권 D의 과소 또는 과대평가 여부를 판단하시오.

② 채권 D 1개를 거래단위 기준으로 하여 차익거래 전략을 제시하시오. 단, 금년도 1월 1일 시점($t=0$)을 제외한 다른 시점($t=1, 2, 3$)의 순현금흐름은 0이 되도록 차익거래를 구성한다. 1단위 이하로 분할하여 채권의 거래가 가능하다고 가정한다.

해설

(1) 채권의 가격

채권A의 가격 : $B_A = \dfrac{100,000}{1.06} = 94,340$원

채권B의 가격 : $B_B = \dfrac{7,000}{1.09} + \dfrac{77,000}{1.09^2} = 71,231$원

채권C의 가격 : $B_C = \dfrac{7,500}{1.12} + \dfrac{7,500}{1.12^2} + \dfrac{57,500}{1.12^3} = 53,603$원

(2) 현물이자율과 선도이자율

만기2년 현물이자율 : $71,231$원 $= \dfrac{7,000}{1.06} + \dfrac{77,000}{(1+_0i_2)^2} \Rightarrow (1+_0i_2)^2 = 1.1914$

만기3년 현물이자율 : $53,603$원 $= \dfrac{7,500}{1.06} + \dfrac{7,500}{1.1914} + \dfrac{57,500}{(1+_0i_3)^3} \Rightarrow (1+_0i_3)^3 = 1.4292$

2년 시점의 선도이자율 : $(1+_0i_2)^2 = 1.1914 = 1.06 \times (1+_1f_2) \Rightarrow {}_1f_2 = 0.1240$

3년 시점의 선도이자율 : $(1+_0i_3)^3 = 1.4292 = 1.1914 \times (1+_2f_3) \Rightarrow {}_2f_3 = 0.1996$

(3) 차익거래

① 채권 D의 시장가격 $= \dfrac{20,000}{1.13} + \dfrac{20,000}{1.13^2} + \dfrac{120,000}{1.13^3} = 116,528$원

채권 D의 균형가격 $= \dfrac{20,000}{1.06} + \dfrac{20,000}{1.1914} + \dfrac{120,000}{1.4292} = 119,620$원

채권D의 시장가격이 균형가격보다 작기 때문에 과소평가

② 채권D를 복제하기 위한 채권 A, B, C의 개수를 각각 a , b, c라고 하면

$100,000 \times a + 7,000 \times b + 7,5000 \times c = 20,000$ (식1)

$77,000 \times b + 7,5000 \times c = 20,000$ (식2)

$57,5000 \times c = 120,000$ (식3)

식을 연립방정식으로 풀면 c=2.087, b=0.05646, a=0.03952

채권D 1개 매입, 채권A 0.03952개 매도, 채권B 0.05646개 매도, 채권C 2.087개 매도

차익거래이익 = 3,091원

문제 4

액면금액이 모두 10,000원이면서 다음의 조건을 갖는 채권 A, B, C가 있다. 이표채는 연 1회 이자를 지급한다. 각 기간별 유동성프리미엄은 $_0L_1 = 0.0\%$, $_0L_1 = 0.2\%$, $_0L_1 = 0.3\%$이다. ($_0L_1$ = n−1년부터 n년까지 1년 동안의 유동성프리미엄)

채권	만기	표면이자율	만기수익률
A	1년	10%	10%
B	2년	20%	12%
C	3년	0%	13%

(1) 만기별 현물이자율을 구하시오.

(2) 1년이 지난 시점에서의 1년 만기와 2년 만기의 기대현물이자율을 구하시오. 유동성프리미엄은 각 기간별로 현재와 동일하게 유지된다고 가정하시오. 즉, 1년 후 시점을 0으로 보았을 때 $_0L_1 = 0.0\%$, $_0L_1 = 0.2\%$로 1년 전과 동일하다.

해설

(1) 만기별 현물이자율

  1) 1년 만기 현물이자율 = 채권A의 수익률 = $_0R_1$ = 10%

  2) 2년 만기 현물이자율

$$\frac{C}{(1+YTM)^1} + \frac{C+F}{(1+YTM)^2} = \frac{C}{(1+_0R_1)^1} + \frac{C+F}{(1+_0R_2)^2}$$

$$\frac{2,000}{1.12} + \frac{12,000}{1.12^2} = \frac{2,000}{1.10} + \frac{12,000}{(1+_0R_2)^2} \Rightarrow _0R_2 = 12.19\%$$

  3) 3년 만기 현물이자율 = 채권C의 수익률 $_0R_3$ = 13%

(2) 만기별 기대현물이자율

  1) 1년 후 1년 만기 기대현물이자율

$$(1+_0R_2)^2 = (1+_0R_1) \times (1+E(_1R_2)+_1L_2)$$

$$(1.1219)^2 = (1.10) \times (1+E(_1R_2)+0.002) \Rightarrow E(_1R_2) = 14.22\%$$

  2) 2년 후 1년 만기 기대현물이자율

$$(1.13)^3 = (1.1219)^2 \times (1+E(_2R_3)+0.003) \Rightarrow E(_2R_3) = 14.34\%$$

  3) 1년 후 2년 만기 기대현물이자율

$$(1+E(_1R_3))^2 = (1.1422) \times (1.1434+0.002) \Rightarrow E(_1R_3) = 14.38\%$$

문제 5

유동성 프리미엄 가설이 성립한다고 가정하자. 1년 만기 현물이자율은 6%이다. 그리고 1년 후 기준 1년 만기 현물이자율은 8%로 예상된다. (6%와 8%는 명목이자율임) 만기가 2년이고 액면이자율이 8%인 채권(연 1회 이자 지급, 원금 10,000원)을 1년 보유하는 경우 보유수익률이 6.8%로 예상된다.

(1) 채권의 1년 후 기대가격과 현재가격을 계산하라.
(2) 가격에 반영된 유동성 프리미엄은 몇 퍼센트인가?
(3) 실질수익률이 3%로 일정하다면 물가상승률이 2년 동안 어떻게 변할 것으로 기대되는가?

해 설

(1) 채권의 1년 후 기대가격: $E(B_1) = \dfrac{C+F}{(1+E(_1R_2))^1} = \dfrac{800+10,000}{1.08} = 10,000$원

채권의 현재가격: $B_0 = \dfrac{C_1 + E(B_1)}{(1+HPY)^1} = \dfrac{800+10,000}{1.068} = 10,112$원

(2) $B_0 = \dfrac{C}{(1+_0R_1)^1} + \dfrac{C+F}{(1+_0R_1) \times (1+E(_1R_2)+L)}$

$10,112 = \dfrac{800}{1.06} + \dfrac{10,800}{1.06 \times (1+0.08+L)^1} \Rightarrow L = 0.88\%$

(3) 현재부터 1년 동안의 물가상승률: $(1.06) = (1.03) \times (1+\text{inf})$에서 $\text{inf} = 2.91\%$

1년 후부터 1년 동안의 물가상승률: $(1.08) = (1.03) \times (1+\text{inf})$에서 $\text{inf} = 4.85\%$

문제 6

A은행의 장부가치 재무상태표가 다음의 표와 같이 제시되었다. (단위: 억원)

자산		부채와 자본	
현금	50	요구불예금	400
대출채권	400	CD	130
장기채권	150	자기자본	70
합계	600	합계	600

대출채권의 연이자율은 10%이며 2년에 걸쳐 매년 말에 원리금을 균등분할상환 받는 조건이다. 장기채권은 연 8%의 이자를 매년 말에 지급받는 3년 만기 채권이다. 부채 중 CD의 이자율은 연 7%이며, 1년 후에 원리금을 일시 상환하는 조건이다. 현재 시장이자율은 연 8%이다.

(1) A은행이 보유하고 있는 자산의 듀레이션은 얼마인가?

(2) A은행이 보유하고 있는 부채의 듀레이션은 얼마인가?

(3) 시장이자율이 100 베이시스 포인트 (1%p) 상승할 경우 A은행의 자기자본의 시장가치에 미치는 영향을 듀레이션 모형을 이용하여 계산하시오.

(4) 은행의 입장에서 순자산가치가 이자율위험으로부터 면역되기 위한 조건을 충족하기 위해서는 부채의 듀레이션이 얼마가 되어야 하는가? (단, 자산의 듀레이션은 변경될 수 없다고 가정하시오.)

해설

(1) 자산의 듀레이션

    1) 현금 : 시장가치 = 50억원, 듀레이션 = 0

    2) 대출채권

$$연간 \ 상환금액 : 400 = \frac{C}{1.10} + \frac{C}{1.10^2} \rightarrow C = 230.4762$$

$$시장가치 = \frac{230.4762}{(1.08)^1} + \frac{230.4762}{(1.08)^2} = 411$$

$$듀레이션 = \left\{ \frac{1 \times 230.4762}{(1.08)^1} + \frac{2 \times 230.4762}{(1.08)^2} \right\} \times \frac{1}{411} = 1.4808년$$

    3) 장기채권

       시장가치 = 150 (표시이자율=8%=시장이자율)

$$\text{듀레이션} = \left\{ \frac{1 \times 12}{(1.08)^1} + \frac{2 \times 12}{(1.08)^2} + \frac{3 \times 162}{(1.08)^3} \right\} \times \frac{1}{150} = 2.7833년$$

4) 자산

시장가치 = 50 + 411 + 150 = 611억원

듀레이션 : $D_A = [(50 \times 0) + (411 \times 1.4808) + (150 \times 2.7833)] \div 611 = 1.6794$

(2) 부채의 듀레이션

1) 요구불예금 : 시장가치 = 400, 듀레이션 = 0

2) 양도성 예금증서 (CD)

시장가치 = $130 \times 1.07 / 1.08 = 128.7963$억원, 듀레이션 = 1년

3) 부채

시장가치 = 400 + 128.7963 = 528.7963억원

듀레이션 : $D_L = [(400 \times 0년) + (128.7963 \times 1년)] \div 528.7963 = 0.2436$

(3) 자기자본의 변동

1) 자산의 변동

$$dA = -\frac{D_A}{1+R} \times A \times dR = -1.6794년/1.08 \times 611억원 \times 0.01 = -9.5011억원$$

2) 부채의 변동

$$dL = -\frac{D_L}{1+R} \times L \times dR = -0.2436년/1.08 \times 528.7963억원 \times 0.01 = -1.1927억원$$

3) 자기자본의 변동

$\Delta K = \Delta A - \Delta L = -9.5011 - (-1.1927) = -8.3084$억원

(4) ALM 면역전략

$$D_A \times A = D_L \times L$$

$1.6794 \times 611 = D_L \times 528.7963 \rightarrow D_L = 1.9405$

(2020, 2차)

1년, 2년, 3년 후에 각각 1,000억원을 지불할 부채를 보유하고 있는 ㈜한국보험은 이자율 변동으로 발생하는 부채 포트폴리오의 가치변동위험을 면역화 하려고 한다. 자본시장에서 현재의 채권수익률은 5%이고 수익률곡선은 수평이며 평행이동 한다고 가정한다. 금액은 억원 단위로 표시하시오. 볼록성은 채권가격의 채권가격의 만기수익률에 대한 2차 미분값을 채권가격으로 나눈값으로 정의한다.

(1) ㈜한국보험이 보유한 부채 포트폴리오의 듀레이션과 볼록성은 각각 얼마인가?

(2) ㈜한국보험이 1년 만기 무이표채와 3년 만기 무이표채를 이용하여 면역전략을 수행하고자 한다. 단, ㈜한국보험은 다른 자산을 보유하고 있지 않으며, 자산과 부채 포트폴리오의 현재가치를 일치시켜서 면역전략을 수행한다고 가정한다.

　① 1년 만기 및 3년 만기 무이표채에 투자할 비중과 금액은 각각 얼마인가?

　② ㈜한국보험이 보유한 자산 포트폴리오의 볼록성은 얼마인가?

　③ 이자율 변동으로 발생하는 부채 포트폴리오의 가치변동에 대하여 완전면역이 확보되는지 설명하시오.

해설

(1) 듀레이션과 볼록성

채권가격 : $B_0 = \dfrac{1,000}{1.05} + \dfrac{1,000}{1.05^2} + \dfrac{1,000}{1.05^3} = 2,723.2480$억

듀레이션 : $(1 \times \dfrac{1,000}{1.05} + 2 \times \dfrac{1,000}{1.05^2} + 3 \times \dfrac{1,000}{1.05^3}) \div 2,723.2480 = 1.9675$년

볼록성 $= (1 \times 2 \times \dfrac{1,000}{1.05^3} + 2 \times 3 \times \dfrac{1,000}{1.05^4} + 3 \times 4 \times \dfrac{1,000}{1.05^5}) \div 2,723.2480 = 5.8996$

(2) ALM 면역전략

　① $D_A = D_L \ \Rightarrow \ w \times 1 + (1 - w) \times 3 = 1.9675 \Rightarrow w = 0.5163, \ 1 - w = 0.4837$

　　1년 만기 무이표채 투자금액 $= 0.5163 \times 2,723.2480$억 $= 1,460.0129$억

　　3년 만기 무이표채 투자금액 $= 0.4837 \times 2,723.2480$억 $= 1,317.2351$억

　② 볼록성 $= (\dfrac{1 \times 2 \times 1,406.0129 + 3 \times 4 \times 1,317.2351}{1.05^2}) \div 2,723.2480 = 6.2014$

　③ 자산의 볼록성이 부채의 볼록성보다 커서 금리상승와 금리하락시에 모두 이익이 발생하기 때문에 이자율 변동에 따른 완전면역이 확보되지 않는다.

문제 8

여신전문금융회사인 ㈜한강캐피탈은 9.94년의 듀레이션과 100억원의 시장가치를 갖는 자산 포트폴리오를 보유하고 있다. 이 자산포트폴리오에 포함된 자산들에 대한 이자는 1년에 2회 6개월마다 수취된다. 이 자산들은 자기자본 10억원과 채권발행 90억원으로 조달된 자금으로 형성되었다. 이 채권의 액면이자는 연 7.25%, 만기는 2년이다. 액면이자는 1년에 2회 6개월 마다 지급된다. 현재 이 채권의 시장가격은 액면가와 동일하다. 각 시점에서 발생하는 1원의 현재가치는 다음의 표와 같다.

현금흐름 발생시점	현가요소	현금흐름 발생시점	현가요소
0.5	0.9650	1.5	0.8987
1.0	0.9313	2.0	0.8672

㈜한강캐피탈의 자기자본가치의 변동을 면역하려면 자산포트폴리오의 듀레이션은 얼마로 조정되어야 하는가?

해설

(1) 채권의 액면이자 = 90억원 × 7.25% × 6/12 = 3.2625억원

(2) 부채의 듀레이션

$D_L = [(0.5 \times 3.2625 \times 0.9650) + (1.0 \times 3.2625 \times 0.9313)$

$+ (1.5 \times 3.2625 \times 0.8987) + (2.0 \times 93.2625 \times 0.8672)] \div 90 = 1.90$년

(3) 면역전략

$D_A \times A = D_L \times L \rightarrow D_A \times 100 = 1.90 \times 90 \rightarrow D_A = 1.71$

(2018, 1차)

문제 9

다음 표는 A은행의 현재 시장가치 기준 자산 · 부채와 듀레이션을 보여주고 있다. 다음 각 물음에 답하시오.

자산	금액	듀레이션	부채자본	금액	듀레이션
현금	100억원	0	고객예금	600억원	1.0
고객대출	500억원	1.2	발행사채	300억원	5.5
회사채	400억원	6.0	자기자본	100억원	–

(1) A은행의 자산 및 부채의 듀레이션은 각각 얼마인가?

(2) 금리가 상승하면 A은행의 자기자본은 증가하는가? 감소하는가?

(3) A은행의 듀레이션갭은 얼마인가?

해 설

(1) 자산의 듀레이션: $D_A = 0 \times 0.1 + 1.2 \times 0.5 + 6 \times 0.4 = 3$

　　부채의 듀레이션: $D_L = 1 \times \dfrac{6}{9} + 5.5 \times \dfrac{3}{9} = 2.5$

(2) 자본의 변동

　　$D_A \times A = 3 \times 1,000 = 3,000, \ D_L \times L = 2.5 \times 900 = 2,250$

　　$D_A \times A > D_L \times L$ ⇨ 금리상승하면 자기자본은 감소한다.

(3) 듀레이션갭

　　$DGAP_K = D_A - D_L \times \dfrac{L}{A} = 3 - 2.5 \times 0.9 = 0.75$

채권 A는 액면이자를 기말에 연 1회 지급한다.

현재 채권 A의 만기수익률(y)은 연 10%이며, 동 채권의 수정 듀레이션($= -\dfrac{dP}{dy} \times \dfrac{1}{P}$, 단, P 는 현재 채권가격)과 볼록성($= \dfrac{d^2P}{dy^2} \times \dfrac{1}{P}$)은 각각 4와 50이다.

채권 A의 만기수익률이 0.1%포인트 상승할 때, 채권가격의 변화율은 얼마인가?

단, 채권가격의 변화율은 채권가격의 만기수익률에 대한 테일러 전개식(Taylor series expansion)을 이용하여 계산하고 3차 이상의 미분항들은 무시한다.

해 설

$$\frac{dB}{B} = -MD \times dR + \frac{1}{2} \times C \times dR^2$$

$$= -4 \times 0.001 + \frac{1}{2} \times 50 \times 0.001^2$$

$$= -0.003975 \Rightarrow -0.3975\%$$

문제 11

(1) 현재 투자금액이 1,000억원인 주식과 채권으로 구성된 혼합형 포트폴리오의 연간 기대수익률은 10%이고 연간 수익률의 표준편차는 20%이다. 신뢰수준 95%에서 목표투자기간 1년 및 목표투자기간 3개월의 평균기준 VaR는 얼마인가?

(2) 현재의 시장가치가 1,000만원인 포트폴리오(P)는 주식 A와 B로 구성되어 있다. 현재 주식 A의 시장가치는 400만원이고 주식 B의 시장가치는 600만원이다. 주식 A와 주식 B의 수익률 표준편차는 각각 5%와 10%이고 상관계수는 −0.5이다. 주식수익률은 정규분포를 따른다고 가정한다. 99% 신뢰수준 하에서 포트폴리오(P)의 최대 가치하락을 측정하는 Value at Risk(VaR)는 아래 식에 의해 계산된다. 포트폴리오(P)의 VaR는 얼마인가?

VaR$=2.33\times\sigma_P\times$포트폴리오(P)의 시장가치

단, σ_P는 포트폴리오(P) 수익률의 표준편차이다.

해설

(1) ① 신뢰수준 95%의 Z$=-1.65$

　　VaR(평균)$=1.65\times0.20\times1,000$억$=330$억

② 목표기간(T)의 기대수익률$=10\%\times3/12=2.5\%$

　　목표기간(T)의 표준편차$=20\%\times\sqrt{3/12}=10\%$

　　VaR(평균)$=1.65$ x 0.10 x $1,000$억$=165$억

(2) $\sigma_P^2 = 0.4^2\times5^2+0.6^2\times10^2+2\times0.4\times0.6\times-0.5\times5\times10 = 28 \Rightarrow \sigma_P=\sqrt{28} = 5.2915\%$

　　VaR$=2.33\times0.052915\times10,000,000=1,232,920$원

SMART

심화 **재무관리**

Chapter

05

옵 션

옵 션

 핵심이론

1 옵션의 투자전략

1. 순수포지션

(1) 기초주식

① 만기가치 : S_t

② 투자비용의 미래가치 : $S \times (1 + R_f)^t$

③ 매수자(+S)의 만기손익 = ① − ②

④ 공매도자(−S)의 만기손익 = − ③

(2) 콜옵션

① 만기가치 : $C_t = \max[0, S_t - X]$

② 투자비용의 미래가치 : $C \times (1 + R_f)^t$

③ 매수자(+C)의 만기손익 = ① − ②

④ 발행자(−C)의 만기손익 = − ③

▶ $C_t < S_t \rightarrow C \leq S$ (콜옵션 현재가격의 상한)

(3) 풋옵션

① 만기가치 : $P_t = \max[0, X - S_t]$

② 투자비용의 미래가치 : $P \times (1 + R_f)^t$

③ 매수자(+P)의 만기손익 = ① − ②

④ 발행자(−P)의 만기손익 = − ③

▶ $P_t < X \rightarrow P \leq PV(X)$ (풋옵션 현재가격의 상한)

(4) 채권(액면금액 = X 무이표채)

① 만기가치 : X

② 투자비용 : $PV(X) = \dfrac{X}{(1+R_f)^t}$

③ 매수자(+B, 대출)의 만기손익 = 0

④ 발행자(−B, 차입)의 만기손익 = 0

2. 헤지 전략

주식과 옵션을 결합하여 주식에서 발생할 수 있는 손실을 옵션의 이익으로 보전하는 전략

(1) 방비 콜 (covered call)

- 기초자산을 1개 매수하고 콜옵션 1개를 매도하는 전략 (+S−C)

  ① 만기가치 : $S_t - \max[0, S_t - X] \geq 0$

  ② 투자비용의 미래가치 : $(S - C) \times (1 + R_f)^t$

  ③ 매수자의 만기손익 = ① − ②

  ④ 발행자(−S+C)의 만기손익 = − ③

  ▶ 만기가치 $<$ X → $S - C \leq PV(X)$ → $C \geq S - PV(X)$ (콜옵션 가격하한)

  ▶ 이익이 발생하는 기초자산의 범위 : $S_t >$ X − ②

(2) 보호 풋 (protective put)

- 기초자산을 1개 매수하고 풋옵션 1개를 매수하는 전략 (+S+P)

- 보험전략.

  ① 만기가치 : $S_t + \max[0, X - S_t] \geq 0$

  ② 투자비용의 미래가치 : $(S + P) \times (1 + R_f)^t$

  ③ 매수자의 만기손익 = ① − ②

  ④ 발행자(−S−P)의 만기손익 = − ③

  ▶ 만기가치 $>$ X → $S - P \geq PV(X)$ → $P \geq PV(X) - S$ (풋옵션 가격하한)

  ▶ 이익이 발생하는 기초자산의 범위 : $S_t >$ X + ②

(3) 헤지 포트폴리오(H)

- H = S −C + P

- 기초자산을 1개 매수하고 행사가격이 동일한 콜옵션 1개 매도 및 풋옵션 1개 매수

- 정적헤지(재조정 없음)
- 헤지포트폴리오의 만기가치 $= X \rightarrow S - C + P = PV(X)$
- 풋-콜 패러티 : $C - P = S - PV(X)$
- 복제포트폴리오(정적복제)에 응용

3. 스프레드 전략 (방향성 거래전략)

(1) 수평 스프레드 (시간스프레드, 캘린더 스프레드)

다른 조건은 모두 같고 만기일만 다른 옵션을 하나는 매입하고 다른 하나는 매도하는 전략으로 만기가치는 곡선의 형태로 나타난다.

(2) 수직 스프레드 (가격스프레드)

서로 행사가격이 다른 옵션을 이용하는 전략으로 만기가치는 직선의 형태

(3) 대각선 스프레드

행사가격과 만기가 모두 상이한 콜옵션과 풋옵션을 이용하여 구성하는 전략

(4) 강세스프레드

- 행사가격이 낮은 옵션을 매입하고 행사가격이 높은 옵션을 발행하는 전략
- 기초자산의 가격이 상승하면 이익을 얻음

1) 콜옵션 강세스프레드

$+ C_1 - C_2$: 낮은 행사가격(X1) 콜옵션 매입, 높은 행사가격(X2) 콜옵션 매도

① 만기가치 : $\max[0, S_t - X_1] - \max[0, S_t - X_2] \geq 0$

② 투자비용의 미래가치 : $(C_1 - C_2) \times (1 + R_f)^t$

③ 매수자의 만기손익 = ① - ②

④ 발행자(약세스프레드)의 만기손익 = - ③

    ▶ 만기가치 $< X_2 - X_1 \rightarrow C_1 - C_2 \leq PV(X_2 - X_1)$

    ▶ 이익이 발생하는 기초자산의 범위 : $S_t > X1 + $ ②

2) 풋옵션 강세스프레드

$+ P_1 - P_2$: 낮은 행사가격(X1) 풋옵션 매입, 높은 행사가격(X2)의 풋옵션 매도

① 만기가치 ≤ 0

(5) 약세스프레드

- 행사가격이 낮은 옵션을 발행하고 행사가격이 높은 옵션을 매입하는 전략
- 기초자산의 가격이 하락하면 이익을 얻음

1) 콜옵션 약세스프레드

$-C_1 + C_2$: 낮은 행사가격(X1) 콜옵션 매도, 높은 행사가격(X2) 콜옵션 매입

① 만기가치 ≤ 0

2) 풋옵션 약세스프레드

$-P_1 + P_2$: 낮은 행사가격(X1) 풋옵션 매도, 높은 행사가격(X2)의 풋옵션 매입

① 만기가치 : $\max[0, X_2 - S_t] - \max[0, X_1 - S_t] \geq 0$

② 투자비용의 미래가치 : $(P_2 - P_1) \times (1 + R_f)^t$

③ 매수자의 만기손익 = ① − ②

④ 발행자(강세스프레드)의 만기손익 = − ③

▶ 만기가치 $< X_2 - X_1 \rightarrow P_2 - P_1 \leq PV(X_2 - X_1)$

▶ 이익이 발생하는 기초자산의 범위 : $S_t <$ X2 − ②

(6) 버터플라이 스프레드

- 행사가격이 가장 낮은 옵션과 행사가격이 가장 높은 옵션을 매입하고, 행사가격이 중간인 옵션을 2개 매도하는 전략 ($X_2 = \dfrac{X_1 + X}{2}$)
- 기초자산의 가격이 중간행사가격근처에 있을 때 이익을 얻음
- $C_1 - 2C_2 + C_3$

낮은 행사가격(X1) 콜옵션 1개 매입, 높은 행사가격(X3) 콜옵션 1개 매입,

중간 행사가격(X2) 콜옵션 2개 매도

- $P_1 - 2P_2 + P_3$

낮은 행사가격(X1) 풋옵션 1개 매입, 높은 행사가격(X3) 풋옵션 1개 매입,

중간 행사가격(X2) 풋옵션 2개 매도

① 만기가치 ≥ 0

② 투자비용의 미래가치 : $(C_1 - 2C_2 + C_3) \times (1 + R_f)^t$ $(P_1 - 2P_2 + P_3) \times (1 + R_f)^t$

③ 매수자의 만기손익 = ① − ②

④ 발행자의 만기손익 = − ③

▶ 만기가치 $< X_2 - X_1 \rightarrow C_1 - 2C_2 + C_3 \leq PV(X_2 - X_1)$ $P_1 - 2P_2 + P_3 \leq PV(X_2 - X_1)$

▶ 이익이 발생하는 기초자산의 범위 : X1 + ② $< S_t <$ X3 − ②

(6) 박스 스프레드

- 콜옵션을 이용한 강세스프레드와 풋옵션을 이용한 약세스프레드의 결합
- $C_1 - C_2 - P_1 + P_2$
  낮은 행사가격(X1) 콜옵션 매입, 높은 행사가격(X2) 콜옵션 매도,
  낮은 행사가격(X1) 풋옵션 매도, 높은 행사가격(X2)의 풋옵션 매입
- 만기가치 $= X_2 - X_1$ → $C_1 - C_2 - P_1 + P_2 = PV(X_2 - X_1)$

(7) 칼라(Collar)

스프레드 전략과는 달리 콜옵션과 풋옵션을 함께 이용하는 전략

1) 칼라 매수전략

- 풋옵션을 1개 매입하고 행사가격이 더 높은 콜옵션을 1개 매도
- 기초자산의 가격이 하락하면 이익을 얻음
- $P_1 - C_2$: 낮은 행사가격(X1) 풋옵션 매입, 높은 행사가격(X2) 콜옵션 매도

2) 칼라 매도전략

- 풋옵션을 1개 매도하고 행사가격이 더 높은 콜옵션을 1개 매수
- 기초자산의 가격이 상승하면 이익을 얻음
- $-P_1 + C_2$: 낮은 행사가격(X1) 풋옵션 매도, 높은 행사가격(X2) 콜옵션 매수

4. 콤비네이션 전략 (방향성 거래전략)

콜옵션과 풋옵션을 동시에 매수 또는 매도하는 전략

(1) 스트래들(straddle) 매수

- 행사가격과 만기가 동일한 콜옵션과 풋옵션을 매수하는 전략
- 기초자산의 가격 변동성이 커지면 이익을 얻음
- C + P : 행사가격(X)이 동일한 콜옵션과 풋옵션을 매수
  ① 만기가치 ≥ 0
  ② 투자비용의 미래가치 : $(C + P) \times (1 + R_f)^t$
  ③ 매수자의 만기손익 = ① − ②
  ④ 발행자($-$C$-$P)의 만기손익 = − ③

▶ 이익이 발생하는 기초자산의 범위 : X − ② $<$ S_t or S_t $<$ X + ②

(2) 스트랭글(strangle) 매수

- 만기는 동일하고 행사가격이 다른 콜옵션과 풋옵션을 매수하는 전략
- 기초자산의 가격 변동성이 커지면 이익을 얻음
- $C_2 + P_1$: 행사가격이 높은(X2) 콜옵션과 행사가격이 낮은(X1) 풋옵션을 매수
- $C_1 + P_2$: 행사가격이 높은(X2) 풋옵션과 행사가격이 낮은(X1) 콜옵션을 매수
  ① 만기가치 ≥ 0
  ② 투자비용의 미래가치 : $(C_2 + P_1) \times (1 + R_f)^t$ $(C_1 + P_2) \times (1 + R_f)^t$
  ③ 매수자의 만기손익 = ① − ②
  ④ 발행자의 만기손익 = − ③
  ▶ 이익이 발생하는 기초자산의 범위 : X1 − ② $<$ S_t or S_t $<$ X2 + ②

(3) 스트랩(strap) 매수

- 행사가격과 만기가 동일한 콜옵션 2개, 풋옵션 1개 매수하는 전략
- 기초자산의 가격 변동성이 커지는 것을 기대하지만 기대방향은 약세
- 2C + P : 행사가격(X)이 동일한 콜옵션 2개와 풋옵션 1개 매수
  ① 만기가치 ≥ 0
  ② 투자비용의 미래가치 : $(2C + P) \times (1 + R_f)^t$
  ③ 매수자의 만기손익 = ① − ②
  ④ 발행자의 만기손익 = − ③
  ▶ 이익이 발생하는 기초자산의 범위 : X − ② $<$ S_t or S_t $<$ X + ②/2

(4) 스트립(strip) 매수

- 행사가격과 만기가 동일한 콜옵션 1개, 풋옵션 2개 매수하는 전략
- 기초자산의 가격 변동성이 커지는 것을 기대하지만 기대방향은 약세
- C + 2P : 행사가격(X)이 동일한 콜옵션 1개와 풋옵션 2개 매수
  ① 만기가치 ≥ 0
  ② 투자비용의 미래가치 : $(C + 2P) \times (1 + R_f)^t$
  ③ 매수자의 만기손익 = ① − ②
  ④ 발행자의 만기손익 = − ③
  ▶ 이익이 발생하는 기초자산의 범위 : X − ②/2 $<$ S_t or S_t $<$ X + ②

2 옵션가격의 결정요인

1. 옵션의 가격요인

(1) 내재가치

- 현재 옵션의 권리를 행사한다고 할 때에 얻을 수 있는 가치와 0의 값 중 큰 값
- 콜옵션의 내재가치 : $\max[0, S-X]$
- 풋옵션의 내재가치 : $\max[0, X-S]$

(2) 시간가치

- 옵션을 보유할 때 주가가 자신에게 유리한 방향으로 변동할 가능성에 대한 가치
- 옵션의 시간가치는 등가격에서 가장 크며, 외가격 또는 내가격에서 그 크기가 감소
- 옵션의 시간가치는 옵션의 만기 및 주가의 변동가능성과 (+)의 관계를 갖는다.

(2) 유럽형 콜옵션가격의 범위

① $C \geq 0$: 콜옵션의 가격은 음(-)일 수 없다.

② $C \leq S$: 콜옵션의 가격은 주식가격보다 작다.

③ $C \geq S - PV(X)$: 콜옵션의 가격은 주식가격과 행사가격의 현재가치의 차이보다 크다.

(3) 유럽형 풋옵션가격의 범위

① $P \geq 0$: 풋옵션의 가격은 음(-)일 수 없다.

② $P \leq PV(X)$: 풋옵션의 가격은 행사가격의 현재가치보다 작다.

③ $C \geq PV(X) - S$: 풋옵션의 가격은 행사가격의 현재가치와 주식가격의 차이보다 크다.

(4) 미국형 옵션

	콜옵션의 가격	풋옵션의 가격
무배당	미국형 = 유럽형	미국형 ≥ 유럽형
유배당	미국형 ≥ 유럽형	

무배당 미국형 콜옵션의 가격은 현재 권리를 바로 행사하여 얻는 이익보다 크다.

2. 옵션의 가격결정요인

	콜옵션	풋옵션	민감도
주식가격(S)	+	−	델타
행사가격(X)	−	+	
만기(t)	+	?	세타
주가분산(σ)	+	+	베가(람다)
무위험이자율(R_f)	+	−	로우
배당(D)	−	+	

3. 옵션의 민감도

(1) 델타

- 기초주식의 가격변화에 대한 옵션의 가격변화
- 콜옵션의 델타 $\Delta_C = \dfrac{\partial C}{\partial S} \to 0 \leq \Delta_C \leq 1$
- 풋옵션의 델타 $\Delta_P = \dfrac{\partial P}{\partial S} \to -1 \leq \Delta_P \leq 0$
- 풋-콜 델타 패러티 : $1 - \Delta_C + \Delta_P = 0$
- 기초자산 1개에 대한 옵션의 헤지비율(m) = (−)델타의 역수
- 옵션 1개의 복제포트폴리오의 기초자산 매입수량 = 델타
- OPM BS모형 N(d1) = 콜옵션의 델타

(2) 감마

- 기초주식의 가격변화에 대한 옵션델타의 변화
- 콜옵션과 풋옵션의 감마 모두 (+)이다.
- 옵션의 감마는 등가격에서 가장 크다

4. 배당이 있는 경우의 풋-콜 패러티

$S' - C + P = PV(X)$

배당금(D)을 아는 경우 : $S' = S - PV(D)$

배당수익률(q)을 아는 경우 : $S' = \dfrac{S}{(1+q)^t}$

3 이항분포모형(OPM)

1. 이항분포모형의 기초공식

기초자산의 균형가격 : $S = \dfrac{S_u \times q + S_d \times (1-q)}{1+k_e} = \dfrac{S_u \times p + S_d \times (1-p)}{1+R_f}$

기초자산의 위험중립확률 : $p = \dfrac{1+R_f-d}{u-d}$

콜옵션의 델타 : $\Delta_C = \dfrac{\partial C}{\partial S} = \dfrac{C_u - C_d}{S_u - S_d} \rightarrow 0 \le \Delta_C \le 1$

기초자산 1개에 대한 콜옵션의 헤지비율 : $m = -\dfrac{1}{\Delta_C} = -\dfrac{S_u - S_d}{C_u - C_d}$

풋옵션의 델타 : $\Delta_P = \dfrac{\partial P}{\partial S} = \dfrac{P_u - P_d}{S_u - S_d} \rightarrow -1 \le \Delta_P \le 0$

기초자산 1개에 대한 풋옵션의 헤지비율 : $m = -\dfrac{1}{\Delta_P} = -\dfrac{S_u - S_d}{P_u - P_d}$

2. 헤지포트폴리오 접근방법

(1) 콜옵션

- 주식 1개를 매수하고 콜옵션 m개 매수하는 헤지포트폴리오 $\rightarrow H = S + m \times C$

  1기간 후 주가상승의 가치 : $H_u = S_u + m \times C_u$

  1기간 후 주가하락의 가치 : $H_d = S_d + m \times C_d$

  $H_u = H_d \rightarrow m = -\dfrac{S_u - S_d}{C_u - C_d} \Rightarrow H = S + m \times C = \dfrac{H_u}{1+R_f} = \dfrac{H_d}{1+R_f}$

(2) 풋옵션

- 주식 1개를 매수하고 풋옵션 m개 매수하는 헤지포트폴리오 $\rightarrow H = S + m \times P$

  1기간 후 주가상승의 가치 : $H_u = S_u + m \times P_u$

  1기간 후 주가하락의 가치 : $H_d = S_d + m \times P_d$

  $H_u = H_d \rightarrow m = -\dfrac{S_u - S_d}{P_u - P_d} \Rightarrow H = S + m \times P = \dfrac{H_u}{1+R_f} = \dfrac{H_d}{1+R_f}$

3. 위험중립확률 접근방법

콜옵션의 균형가격 : $C = \dfrac{C_u \times p + C_d \times (1-p)}{1+R_f}$

풋옵션의 균형가격 : $P = \dfrac{P_u \times p + P_d \times (1-p)}{1+R_f}$

4. 복제포트폴리오 접근방법

(1) 콜옵션

- 주식 a개와 채권을 매수한 포트폴리오로 콜옵션을 복제 → $R_p = a \times S + B$

  1기간 후 주가상승의 가치 : $C_u = aS_u + B \times (1 + R_f)^1$

  1기간 후 주가하락의 가치 : $C_d = aS_d + B \times (1 + R_f)^1$

  위의 식을 연립방정식으로 풀어 a와 B를 결정한다. ⇨ a = 콜옵션 델타

  콜옵션의 균형가격 : $C = a \times S + B$

(2) 풋옵션

- 주식 a개와 채권을 매수한 포트폴리오로 풋옵션을 복제 → $R_p = a \times S + B$

  1기간 후 주가상승의 가치 : $P_u = aS_u + B \times (1 + R_f)^1$

  1기간 후 주가하락의 가치 : $P_d = aS_d + B \times (1 + R_f)^1$

  위의 식을 연립방정식으로 풀어 a와 B를 결정한다. ⇨ a = 풋옵션 델타

  풋옵션의 균형가격 : $P = a \times S + B$

5. 2기간 이항분포모형

(1) 유럽형 콜옵션 (=미국형 콜옵션)의 균형가격

$$C = \frac{p^2 \times C_{uu} + 2 \times p \times (1 - p) \times C_{ud} + (1 - p)^2 \times C_{dd}}{(1 + R_f)^2}$$

(2) 유럽형 풋옵션의 균형가격

$$P = \frac{p^2 \times P_{uu} + 2 \times p \times (1 - p) \times P_{ud} + (1 - p)^2 \times P_{dd}}{(1 + R_f)^2}$$

(3) 미국형 풋옵션의 균형가격

1) **1기간 후 주가상승 시 풋옵션의 가격** : $P_u = \max[P_u^{stop}, P_u^{go}]$

   조기행사하는 경우 : $P_u^{stop} = \max[X - S_u, 0]$

   조기행사하지 않는 경우 : $P_u^{go} = \dfrac{P_{uu} \times p + P_{ud} \times (1 - p)}{1 + R_f}$

2) **1기간 후 주가하락 시 풋옵션의 가격** : $P_d = \max[P_d^{stop}, P_d^{go}]$

   조기행사하는 경우 : $P_d^{stop} = \max[X - S_d, 0]$

   조기행사하지 않는 경우 : $P_d^{go} = \dfrac{P_{du} \times p + P_{dd} \times (1 - p)}{1 + R_f}$

3) 풋옵션의 균형가격 : $P = \dfrac{P_u \times p + P_d \times (1-p)}{1 + R_f}$

4 블랙–숄즈모형(OPM)

1. 콜옵션

(1) 균형가격

$$C = S \times N(d_1) - PV(X) \times N(d_2)$$

$d_1 = \dfrac{In(\dfrac{S}{X}) + (R_f + \dfrac{1}{2}\sigma^2) \times T}{\sigma \times \sqrt{T}}$ ⇨ 표준정규분포표를 이용하여 $N(d_1)$을 결정

$d_2 = d_1 - \sigma\sqrt{T}$ ⇨ 표준정규분포표를 이용하여 $N(d_2)$을 결정

(2) $N(d_1)$의 의미

기초자산의 변동에 대하여 콜옵션가격의 민감도 ⇨ $N(d_1) = \Delta_c$

(3) $N(d_2)$의 의미

만기일에 콜옵션의 가격이 내가격의 상태가 될 확률

2. 풋옵션의 균형가격

풋옵션의 균형가격은 콜옵션의 균형가격을 풋–콜 패러티에 대입하여 도출한다.

$P = C - S + PV(X)$ ⇨ $P = S \times N(d_1) - PV(X) \times N(d_2) - S + PV(X)$

$\qquad\qquad\qquad$ ⇨ $P = S \times (1 - N(d_1)) + PV(X) \times (1 - N(d_2))$

5 옵션을 이용한 헤지전략

1. 위험관리의 기초

(1) 위험관리의 종류

1) **헤지** ⇨ 자산의 가격변동위험을 제거

2) **보험** ⇨ 자산의 가격손실위험을 제거

3) **분산투자** ⇨ 자산의 비체계적 가격변동위험을 제거

(2) 직접헤지

위험회피대상과 파생상품의 기초자산이 동일한 경우

1) 정적헤지 : 시간이 경과해도 헤지비율의 재조정이 필요없다.

2) 동적헤지 : 시간이 경과하면 헤지비율의 재조정이 필요하다.

(3) 교차헤지

위험회피대상과 파생상품의 기초자산이 상이한 경우를 말한다.

2. 동적헤지

헤지포트폴리오의 델타를 0으로(델타중립) 만들기 때문에 델타 헤지라고 한다.

(1) 2기간 이상 이항분포모형

주식 1개를 매수하고 콜옵션 m개 매수하는 헤지포트폴리오 → $H = S + m \times C$

① 현재시점의 헤지비율 : $m = -\dfrac{S_u - S_d}{C_u - C_d}$

② 1기간 후 주가상승의 헤지비율 : $m = -\dfrac{S_{uu} - S_{ud}}{C_{uu} - C_{ud}}$ ⇨ ①과 ②의 차이를 재조정

③ 1기간 후 주가하락의 헤지비율 : $m = -\dfrac{S_{du} - S_{dd}}{C_{du} - C_{dd}}$ ⇨ ①과 ③의 차이를 재조정

(2) 포트폴리오를 기초자산의 변동에 대하여 편미분

예) 주식 1개 매수, 콜옵션 2개 매수, 풋옵션 m개의 헤지포트폴리오

$$H = S + 2C + HR \times P \quad \Rightarrow \quad \frac{\partial H}{\partial S} = 0 = 1 + 2\Delta_c + m \times \Delta_p \quad \Rightarrow \quad m = -\frac{1 + 2\Delta_c}{\Delta_p}$$

3. 교차헤지

교차헤지는 위험회피대상(T), 옵션의 기초자산(S) 및 옵션(C 또는 P)의 가격변동을 고려하여야 한다. 우선, 위험회피대상(T)과 옵션의 기초자산(S) 간의 관계인 베타(β_{TS})를 구한 후 이를 반영하여 옵션의 헤지비율(m)을 결정한다. 교차헤지는 동적헤지이므로 현재시점에 결정된 헤지비율을 주기적으로 재구성하여야 한다.

위험회피대상 1개를 매수하고 콜옵션 m개를 매입한 헤지포트폴리오

$$H = T + mC \rightarrow \frac{\partial H}{\partial S} = \frac{\partial T}{\partial S} + m \frac{\partial C}{\partial S} = 0 \Rightarrow \frac{\partial H}{\partial S} = \beta_{TS} \times \frac{T}{S} + m \times \Delta_c = 0$$

$$\Rightarrow m = -\frac{1}{\Delta_c} \times \beta_{TS} \times \frac{T}{S}$$

위험회피대상의 수량이 Q_T개, 콜옵션 1계약당 거래단위의 수량이 Q_c개인 경우 교차헤지를 위한 계약수는 다음과 같이 계산한다.

$$N = m \times \frac{Q_T}{Q_c}$$

위험회피대상의 금액이 $V_T(=Q_T \times T)$개, 콜옵션 1계약당 거래단위의 금액이 $V_S(=Q_c \times S)$인 경우 교차헤지를 위한 계약수는 다음과 같이 계산한다.

$$N = -\frac{1}{\Delta_c} \times \beta_{TS} \times \frac{V_T}{V_s}$$

6 OPM 응용

1. 포트폴리오 보험

포트폴리오 보험이란 보유하고 있는 위험자산에 대하여 옵션이나 선물 또는 무위험자산을 이용하여 위험자산의 가격하락에 대비하는 한편 가격 상승 시 추가이익을 획득하려는 투자전략으로 포트폴리오 보험전략의 구성방법은 다음과 같다.

(방법1) 보호풋 전략 → 주식매수 + 풋옵션 매수
매입해야 할 풋옵션의 수는 주식의 수와 일치해야 한다.

(방법2) 무위험채권 매수 + 콜옵션 매수
방법1을 풋-콜 패러티에 대입하여 도출
목표수익에 따라 매입해야 할 채권수량이 정해지고 이에 따라 콜옵션의 개수가 결정

(방법3) 동적 헤징 → 주식 매수 + 무위험채권의 투자비율을 조정
방법2를 블랙숄즈 모형에 대입하여 도출
$N(d_1)$개의 주식과 $[1 - N(d_2)]$개의 채권을 구입하는 전략

(방법4) 동적 헤징 → 선물 매수 + 무위험채권의 투자비율을 조정
방법4를 선물 패러티에 대입하여 도출

2. 실물옵션

- OPM을 자본예산에 적용
- **콜옵션** : 확장옵션(후속투자기회), 연기옵션
- **풋옵션** : 포기옵션

(1) 옵션이 없는 투자안의 NPV 및 투자안의 가치 결정
(2) 투자안의 가치로부터 기초자산의 위험중립확률 도출
　　⇨ 투자금액으로부터 위험중립확률을 도출하면 안 됨
(3) 옵션이 반영된 투자안의 NPV 결정
(4) 옵션의 가치 = (3) − (1)
　　옵션의 가치와 옵션의 비용을 비교하여 투자의사결정

3. 기업의 자기자본과 부채

(1) 주주의 경제적 지위

콜옵션 매입 (기초자산 = 기업자산, 행사가격 = 부채 액면금액)

(2) 채권자의 경제적 지위

기업자산을 매입 + 콜옵션 발행 (기초자산 = 기업자산, 행사가격 = 부채 액면금액)
무위험채권 매입 + 풋옵션 발행 (기초자산 = 기업자산, 행사가격 = 부채 액면금액)

(3) 풋옵션의 가치

지급보증의 가치 = 무위험채권의 가치 − 위험채권의 가치 = 풋옵션의 가치

4. 옵션부 채권

(1) 경제적 지위

	채권투자자의 지위	기초자산(S)	행사가격(X)
신주인수권	콜옵션 매수	주식	신주인수가격
전환권	콜옵션 매수	주식	일반사채의 가치
수의상환권	콜옵션 매도	채권	수의상환가격
상환청구권	풋옵션 매수	채권	상환청구가격

(2) 신주인수권의 가치

신주인수권이 행사가 되면 발생하는 희석화현상을 반영하여야 한다.

1) 신주인수권의 만기가치

$$W_t = C_t \times \frac{N}{N+N_w}$$ N = 신주인수권 행사전의 주식수, N_w = 신주인수권 행사 주식수

2) 신주인수권의 균형가격

① 신주인수권이 발행된 이후의 주가(권리락 주가)

② OPM으로 콜옵션의 균형가격 산출

③ 신주인수권의 균형가격 : $W = C \times \dfrac{N}{N+N_w}$

(3) 수의상환권의 가치

콜옵션의 가치평가와 동일하며 수의상환사채의 가격은 다음과 같다.

수의상환사채의 가격 = 일반사채의 가격 − 수의상환권의 현재가치

(4) 상환청구권의 가치

풋옵션의 가치평가와 동일하며 상환청구사채의 가격은 다음과 같다.

상환청구사채의 가격 = 일반사채의 가격 + 상환청구권의 현재가치

연습문제

문제 1 (2005, 1차)

어느 투자자가 행사가격이 25,000원인 콜옵션을 개당 4,000원에 개 매입하였고, 행사가격이 40,000원인 콜옵션을 2,500원에 1개 발행하였다. 옵션은 모두 만기가 동일하게 1년 씩 남았으며, 무위험이자율은 연10%이다.

(1) 옵션만기일에 기초주식가격이 50,000원이라고 할 때, 이러한 투자전략의 만기가치와 투자자의 만기손익을 각각 구하라.
(2) 옵션만기일에 기초주식가격이 30,000원이라고 할 때, 이러한 투자전략의 만기가치와 투자자의 만기손익을 각각 구하라.
(3) 옵션만기일에 기초주식가격이 20,000원이라고 할 때, 이러한 투자전략의 만기가치와 투자자의 만기손익을 각각 구하라

해설

(1) 만기가치 $= \max[0,\ S_t - 25,000] - \max[0,\ S_t - 40,000]$
투자비용의 미래가치 $= (4,000 - 2,500) \times 1.10 = 1,650$
만기주가가 50,000인 경우
만기가치 $= 25,000 - 10,000 = 15,000$
만기손익 $= 15,000 - 1,650 = 13,350$

(2) 만기주가가 30,000인 경우
만기가치 $= 5,000 - 0 = 5,000$
만기손익 $= 5,000 - 1,650 = 3,350$

(3) 만기주가가 20,000인 경우
만기가치 $= 0 - 0 = 0$
만기손익 $= 0 - 1,650 = -1,650$

문제 2 (1998, 2차)

동일한 만기에 상이한 행사가격을 갖는 세 가지 주가지수 옵션의 가격이 각각 다음과 같이 형성되어 있다고 할 때, 다음 물음에 답하라. (단, 거래비용은 무시한다.)
(1) 행사가격 35인 콜옵션의 현재가격 = 1.4
(2) 행사가격 32.5 풋옵션의 현재가격 = 0.5
(3) 행사가격 35 풋옵션의 현재가격 = 0.6
(4) 행사가격 37.5 풋옵션의 현재가격 = 1.8

(1) 행사가격이 35인 콜옵션과 풋옵션을 각각 1단위씩 매도할 때, 이익이 발생하는 범위를 구하라.
(2) 행사가격이 35인 풋옵션을 2개를 매도하고 행사가격 32.5인 풋옵션과 행사가격 37.5인 풋옵션을 각각 1개씩 매수할 때, 이익이 발생하는 범위를 구하라.

해설

(1) 스트래들 매도
현재 현금유입의 미래가치 = 1.4 + 0.6 = 2.0
이익이 발생하는 범위 : $35 - 2 \leq S_t \leq 35 + 2$ ⇨ $33 \leq S_t \leq 37$
최대이익 = 2.0 - 0 = 2.0
최대손실 = 2.0 - 35 = -33 또는 비한정손실

(2) 나비스프레드 매입
현재 투자비용의 미래가치 = 1.8 + 0.5 - 2 x 0.6 = 1.1
이익이 발행하는 범위 : $32.5 + 1.1 \leq S_t \leq 37.5 - 1.1$ ⇨ $33.6 \leq S_t \leq 36.4$
최대이익 = 2.5 - 1.1 = 1.4
최대손실 = 0 - 1.1 = -1.4

문제 3

동일한 주식을 기초자산으로 하고 만기도 동일하지만, 행사가격이 다른 두 유럽형 풋옵션의
현재가격이 다음과 같다.
- 행사가격 40의 풋옵션 프리미엄 1.46
- 행사가격 50의 풋옵션 프리미엄 11.15

한편 만기가 위의 옵션들과 동일하며 액면이 100인 무위험 할인채권의 현재가격은 95이다.
해당 투자자는 무위험 이자율로 차입(borrowing)과 대출(lending)을 할 수 있다고 가정한다.
이러한 경우 어떠한 포지션을 취하면 차익거래(arbitrage)를 만들어 낼 수 있는지 기술하라.
포지션을 구성함에 있어서, 차익(arbitrage profit)이 만기 시점에서만 발생하도록 할 것이며,
행사가격 40의 풋옵션 1단위를 기준으로 표현하라.

해설

(1) 스프레드의 균형범위

행사가격 40의 풋옵션과 행사가격 50의 풋옵션의 가격의 차이는 행사가격 차이의 현재가치보다
작아야 균형상태이지만 시장가격의 차이는 이 보다 크기 때문에 불균형이다.

$$P_2 - P_1 \leq \frac{X_2 - X_1}{(1 + R_f)^t}$$

$$11.15 - 1.46 > (50 - 40) \times \frac{95}{100} \rightarrow 9.69 > 9.5$$

(2) 차익거래

풋옵션의 약세스프레드의 시장가격이 균형범위보다 크기 때문에
→ 풋옵션 약세 스프레드 매도, 무위험 채권매수 (대출)
→ 행사가격 50 풋매도, 행사가격 40 풋매수, 9.69원으로 무위험 채권 매수

문제 4

㈜민국의 현재 주가는 각각 1,100원이며 주식의 공매가 가능하다. 이 기업은 향후 배당을 지급하지 않을 계획이다. 무위험이자율은 연 10%로 향후 변동이 없으며 차입과 투자가 가능하다. 거래비용은 없으며, 시장에는 어떠한 차익거래의 기회도 없다고 가정한다.

㈜민국의 주식을 기초자산으로 하고 잔존만기가 1년인 아래의 2가지 옵션이 시장에서 거래되고 있다.

옵션	구분	행사가격(원)	옵션프리미엄(원)
D	유럽형 콜	1,100	155
E	유럽형 콜	1,200	80

㈜민국의 주가 변화에 따라 아래와 같은 현금흐름을 제공하는 포트폴리오를 현재 구성하고자 한다. 포트폴리오를 구성하는데 소요되는 현재 시점에서의 총 비용을 구하시오.

1년 후 주가(S1) 범위	1년 후 현금흐름
S1 ≤ 1,100	1,100 − S1
1,100 〈 S1 ≤ 1,200	0
1,200 〈 S1	S1 − 1,200

해설

(1) 행사가격 1,100원 유럽형 풋옵션의 가격

$S - C + P = PV(X)$

1,100 − 155 + P = 1,100/1.10 ⇨ P = 55

(2) 스트랭글 매수전략

행사가격 1,200원 콜옵션 매입, 행사가격 1,100원 풋옵션 매입

현재 시점에서의 총 비용 = 80 + 55 = 135원

투자비용의 만기가치 = 135 x 1.10 = 148.5

이익이 발생하는 범위 : $S_t \geq 1200 + 148.5$ ⇨ $S_t \geq 1348.5$

$S_t \leq 1100 - 148.5$ ⇨ $S_t \leq 951.5$

문제 5

㈜가나의 주식을 기초자산으로 하고 잔존만기가 1년인 다음의 4가지 유럽형 옵션이 현재 시장에서 거래되고 있으며 무위험이자율은 연 10%이다.

구 분	행사가격(원)	옵션프리미엄(원)
콜옵션	2,000	200
	2,300	20
풋옵션	2,000	40
	2,300	120

(1) 옵션 만기일에 ㈜가나의 주가와 무관하게 항상 300원의 현금흐름을 가져오는 옵션 포트폴리오를 구성하려 한다. 위에서 제시한 4가지 유럽형 옵션을 모두 이용한 거래전략을 제시하시오.

(2) (1)의 거래전략에 소요되는 총비용을 현재시점을 기준으로 반올림하여 원단위로 계산하시오.

(3) 현재 거래되는 4가지 유럽형 옵션들 사이에는 차익거래 기회가 존재한다. 현재시점에서 비용이 들지 않는 차익거래 전략을 제시하고 차익거래이익을 만기시점을 기준으로 원단위로 계산하시오.

해 설

(1) 박스 스프레드

행사가격 2,000원 콜옵션 1개 매입, 행사가격 2,300원 콜옵션 1개 매도,
행사가격 2,000원 풋옵션 1개 매도, 행사가격 2,300원 풋옵션 1개 매입

(2) 박스 스프레드 투자비용

투자비용 $= 200 - 20 - 40 + 120 = 260$

(3) 차익거래

행사가격 2,000원 콜옵션 1개 매입, 행사가격 2,300원 콜옵션 1개 매도,
행사가격 2,000원 풋옵션 1개 매도, 행사가격 2,300원 풋옵션 1개 매입,
260원 무위험 차입
⇨ 만기시점의 차익거래이익 $= +300 - 260 \times 1.10 = 14$

문제 6   (2015, 2차)

AAA기업의 주식을 기초자산으로 하고 잔존만기가 1년으로 동일한 다음의 6가지 유럽형 옵션이 현재 시장에서 거래되고 있다. 단, 무위험이자율은 연 10%이다.

옵션종류	행사가격	옵션프리미엄
콜옵션	1,000원	100원
	1,150원	40원
	1,300원	15원
풋옵션	1,000원	20원
	1,150원	60원
	1,300원	105원

1년 후 옵션의 만기 시에 AAA기업의 주가의 변화에 따라 아래와 같은 만기 손익을 동일하게 복제하는 옵션 포트폴리오를 만들고자 한다.
단, 손익계산 시 옵션프리미엄은 고려하지 않는다. (S_T : 만기 시 AAA기업의 주가)

주가	만기손익
$S_T \leq 1,000$	0
$1,000 < S_T \leq 1,150$	$S_T - 1,000$
$1,150 < S_T \leq 1,300$	$1,300 - S_T$
$1,300 < S_T$	0

위에서 제시된 옵션들을 조합하여 만들 수 있는 거래전략을 두 가지 방법으로 나누어 제시하고 두 가지 거래 전략에 소요되는 현재 시점에서의 총 비용을 각각 계산하라.

해설

〈전략 1〉 $+C_1 - 2C_2 + C_3$
행사가격 1,000원 콜옵션 1개 매수,
행사가격 1,150원 콜옵션 2개 매도,
행사가격 1,300원 콜옵션 1개 매수
투자비용 $= 100 - 40 \times 2$개$+ 15 = 35$원

〈전략 2〉 $+P_1 - 2P_2 + P_3$
행사가격 1,000원 풋옵션 1개 매수,
행사가격 1,150원 풋옵션 2개 매도,
행사가격 1,300원 풋옵션 1개 매수
투자비용 $= 20 - 60 \times 2$개$+ 105 = 5$원

문제 7

다음 표는 북해산 브렌트 원유를 기초자산으로 하는 만기 1년의 유럽형 콜옵션과 풋옵션의 프리미엄을 정리한 것이다. 행사가격은 1리터당 가격이고, 가격의 단위는 원이다. 다음 물음에 답하시오.

행사가격	콜프리미엄	풋프리미엄
1,500	104	70
1,600	60	125

(1) 위의 옵션을 이용하여 매수스트랭글(long strangle)을 취하는 두 가지 방법을 제시하고, 만기일의 현금흐름의 최소값을 각각 구하시오.

(2) 위의 옵션을 이용하여 강세스프레드(bull spread)의 매수 포지션을 취하는 두 가지 방법을 제시하고, 만기일의 현금흐름의 최대값을 각각 구하시오.

(3) 시장에 차익거래의 기회가 없기 위한 무위험이자율을 구하시오.

해설

(1) 〈방법1〉 행사가격 1600 콜옵션 매수, 행사가격 1500 풋옵션 매수
　　　　　→ 만기현금흐름 최소금액 = 0
　　〈방법2〉 행사가격 1500 콜옵션 매수, 행사가격 1600 풋옵션 매수
　　　　　→ 만기현금흐름 최소금액 = 100

(2) 〈방법1〉 행사가격 1500 콜옵션 매수, 행사가격 1600 콜옵션 매도
　　　　　→ 만기현금흐름 최대금액 = 1600 − 1500 = 100
　　〈방법2〉 행사가격 1500 풋옵션 매수, 행사가격 1600 풋옵션 매도
　　　　　→ 만기현금흐름 최대금액 = 0

(3) 박스스프레드: $C_1 - C_2 - P_1 + P_2 = \dfrac{X_2 - X_1}{(1 + R_f)^t}$

행사가격 1500 콜옵션 매수, 행사가격 1600 콜옵션 매도,
행사가격 1500 풋옵션 매도, 행사가격 1600 풋옵션 매수

$$104 - 60 - 70 + 125 = \frac{1600 - 1500}{1 + R_f} \rightarrow R_f = 1.01\%$$

문제 8   (2007, 2차)

현재 가격이 31,000원인 무배당 주식(S)에 대해 콜옵션과 풋옵션이 거래되고 있다. 유럽형 콜옵션(c)의 가격은 3,000원이며 유럽형 풋옵션(p)의 가격은 2,200원이다. 이들 옵션의 행사가격(X)은 30,000원, 만기(T)는 1년, 무위험이자율(r)은 3%이다.

(1) 콜옵션의 가격하한선 조건의 식을 쓰고 이 조건이 성립하는지 확인하시오.

(2) 풋-콜 패리티(put-call parity)가 성립하는지 확인하시오.

(3) 공매가 가능하며 무위험이자율로 차입과 대출이 가능하다고 가정하고 차익거래를 위한 전략을 기술하시오.

(4) 차익거래전략을 통해 만기일에 얻게 되는 순이익을 계산하시오.

해설

(1) 콜옵션의 가격하한선

$$C \geq Max[S-PV(X),0] = \max[31,000 - \frac{30,000}{1.03^1}, 0] = 1,874$$

콜옵션의 시장가격 3,000원은 하한선보다 크다.

(2) 풋-콜 패러티

$$S-C+P=PV(X)$$

$$31,000 - 3,000 + 2,200 > \frac{30,000}{1.03} \rightarrow 30,200원 > 29,126원$$

∴ 풋-콜 패러티는 성립하지 않는다.

(3) 차익거래

헤지포트폴리오 매도, 무위험채권 매수

⇨ 기초자산 공매도, 콜옵션 매입, 풋옵션 발행, 무위험채권 매입(대출)

(4) 만기시점의 차익

$$(30,200-29,126) \times 1.03 = 1,106원$$

주식C를 기초자산으로 하는 콜옵션 20계약을 매도하고 풋옵션 10계약을 매수하고자 한다.
해당 콜옵션의 델타(delta)는 0.5이고 풋옵션의 델타는 −0.3이다.
델타중립(delta−neutral) 포지션 구축을 위한 주식 C의 거래는 무엇인가?
단, 옵션 1계약당 거래단위(승수)는 100주이다.

해 설

동적헤지포트폴리오 H는 다음과 같다.

$H = m \times S - 20C + 10P$

H를 기초자산에 대하여 미분을 하면 다음과 같다.

$\dfrac{\partial H_p}{\partial S} = 0 = m \times 1 - 20 \times \Delta c + 10 \times \Delta_p$

$0 = m - 20 \times 0.5 + 10 \times (-0.3) \Rightarrow m = 13$

$\therefore 13 \times 100주 = 1,300주 \Rightarrow$ 기초주식 1,300주를 매수한다.

(2013, 1차)

현재 주가는 10,000원이고, 무위험이자율은 연 3%이다. 1년 후 주가는 15,000원으로 상승하거나 7,000원으로 하락할 것으로 예상된다. 이 주식을 기초자산으로 하는 유럽형 옵션의 만기는 1년이고 행사가격은 10,000원이며 주식은 배당을 지급하지 않는다. 1기간 이항모형을 이용하는 경우, 주식과 옵션으로 구성된 헤지포트폴리오(hedge portfolio)로 적절한 항목만을 모두 고르면? (단, 주식과 옵션은 소수 단위로 분할하여 거래가 가능하다.)

(1) 주식 1주를 매입한 경우 콜옵션 몇 개를 포함하여야 하는가?
(2) 주식 1주를 매입한 경우 풋옵션 몇 개를 포함하여야 하는가?
(3) 콜옵션 1개를 매입한 경우 주식 몇 개를 포함하여야 하는가?
(4) 풋옵션 1개를 매도한 경우 주식 몇 개를 포함하여야 하는가?

해설

1년 후 만기가치

$S_u = 15,000 \rightarrow C_u = \max[15,000 - 10,000, 0] = 5,000 \quad P_u = \max[10,000 - 15,000, 0] = 0$

$S_d = 7,000 \quad \rightarrow C_d = \max[7,000 - 10,000, 0] = 0 \qquad P_d = \max[10,000 - 7,000, 0] = 3,000$

(1) $H = S + m \times C \rightarrow m = -\dfrac{\partial S}{\partial C} = -\dfrac{15,000 - 7,000}{5,000 - 0} = -\dfrac{8}{5}$ ⇨ 콜옵션 1.6개 매도

(2) $H = S + m \times P \rightarrow m = -\dfrac{\partial S}{\partial P} = -\dfrac{15,000 - 7,000}{0 - 3,000} = \dfrac{8}{3}$ ⇨ 풋옵션 2.7개 매수

(3) $H = C + m \times S \rightarrow m = -\dfrac{\partial C}{\partial S} = -\dfrac{5,000 - 0}{15,000 - 7,000} = -\dfrac{5}{8}$ ⇨ 주식 0.625개 매도

(4) $H = -P + m \times S \rightarrow m = \dfrac{\partial P}{\partial S} = \dfrac{0 - 3,000}{15,000 - 7,000} = -\dfrac{3}{8}$ ⇨ 주식 0.375개 매도

다음 물음에 대하여 '옳다' 또는 '옳지 않다'라고 답하시오.

(1) 다른 모든 조건이 같다고 할 때, 행사가격이 주식가격과 같은 등가격 유럽형 콜옵션의 이론가격은 등가격 유럽형 풋옵션의 이론가격과 같다.

(2) 옵션탄력성(option elasticity)이 1보다 작다는 의미는 옵션이 기초자산보다 훨씬 위험이 크다는 것을 나타낸다.

(3) 이항모형에 의하면 옵션의 가치를 구하는 식에서 투자자의 위험에 대한 태도는 고려하지 않는다.

(4) 블랙-숄즈-머튼 모형에서 $N(d_2)$는 옵션의 만기시 콜옵션이 등가격이 될 위험중립확률이다.

해설

(1) 옳지 않다

등가격 유럽형 콜옵션의 이론가격 > 등가격 유럽형 풋옵션의 이론가격

(2) 옳지 않다

옵션탄력성 > 1, 옵션델타 < 1

(3) 옳다

이항분포는 투자자의 위험의 태도가 위험회피형 가정이 필요없다.

(4) 옳지 않다

$N(d_2)$는 옵션의 만기시 콜옵션이 내가격이 될 위험중립확률이다.

문제 12

다음 물음에 대하여 '옳다' 또는 '옳지 않다'라고 답하시오.

(1) 외가격이나 등가격 옵션의 내재가치는 0이며, 옵션의 가격은 동일하다.

(2) 만기 전 미국식 콜옵션의 매도가격은 행사로부터의 이득보다 작다.

(3) 콜옵션가격의 하한선은 주식의 현재가치에서 콜옵션의 행사가격을 차감한 값이다. 이 조건이 충족되지 않는 경우, 투자자는 콜옵션을 매입하고 주식을 공매도하여 얻은 자금을 무위험이자율로 투자하여 차익을 얻을 수 있다.

(4) 콜옵션의 상한선은 주식의 현재가치이며, 이 조건이 충족되지 않은 경우 콜옵션을 매입하고 주식을 공매도하는 전략으로 차익을 얻을 수 있다.

해설

(1) 옳지 않다

등가격의 시간가치가 더 크기 때문에 등가격의 옵션가격이 더 크다.

(2) 옳지 않다

만기 전 미국식 콜옵션의 매도가격은 행사로부터의 이득보다 크다.

(3) 옳다

$C \geq S - PV(X)$: 균형

$C < S - PV(X) \Rightarrow$ 콜옵션 매입, 주식 공매도, 무위험채권 매입

(4) 옳지 않다

$C \leq S$: 균형

$C \geq S \Rightarrow$ 콜옵션 매도, 주식 매입

문제 13

JKM(주)의 주식은 현재 16,000원에 거래되고 있고 1년 후(t=1) 주가가 50,000원으로 상승하거나 2,000원으로 하락할 것으로 예상된다. 투자자 A는 이 회사의 주식을 기초자산으로 하고 동일한 만기 및 행사가격을 갖는 한 개의 콜옵션과 한 개의 풋옵션을 동시에 매입하여 구성한 포트폴리오를 보유하고 있다. 두 옵션의 행사가격은 15,000원이며 만기는 1년이고, 무위험이자율은 8%이다.

(1) 이 포트폴리오에 포함된 콜옵션의 가치를 이항모형으로 복제포트폴리오를 구성하여 구하시오.
(2) 이 포트폴리오에 포함된 풋옵션의 가치를 (1)과 동일한 방식을 이용하여 구하고, 이 포트폴리오의 총 가치를 구하시오.

해설

(1) 콜옵션 복제포트폴리오

$C_u = \max[0,\ 50{,}000-15{,}000] = 35{,}000$

$C_d = \max[0,\ 2{,}000-15{,}000] = 0$

주식 a개와 채권을 매수한 포트폴리오로 콜옵션을 복제 $\rightarrow R_p = a \times S + B$

$C_u = aS_u + B \times (1+R_f)^1 \Rightarrow 35{,}000 = a \times 50{,}000 + B \times 1.08$

$C_d = aS_d + B \times (1+R_f)^1 \Rightarrow 0 = a \times 2{,}000 + B \times 1.08$

위의 식을 연립방정식으로 풀면 $a = 0.7292$, $B = -1{,}350$원

$\therefore\ C = 16{,}000 \times 0.7292 - 1{,}350 = 10{,}317$원

(2) 풋옵션 복제포트폴리오

$P_u = \max[0,\ 15{,}000-\ 50{,}000] = 0$

$P_d = \max[0,\ 15{,}000\ -\ 2{,}000] = 13{,}000$

주식 a개와 채권을 매수한 포트폴리오로 풋옵션을 복제 $\rightarrow R_p = a \times S + B$

$P_u = aS_u + B \times (1+R_f)^1 \Rightarrow 0 = a \times 50{,}000 + B \times 1.08$

$P_d = aS_d + B \times (1+R_f)^1 \Rightarrow 13{,}000 = a \times 2{,}000 + B \times 1.08$

위의 식을 연립방정식으로 풀면 $a = -0.2708$, $B = 12{,}537$원

$\therefore\ P = 16{,}000 \times (-0.2708) + 12{,}537 = 8{,}204$원

문제 14

㈜태백의 무배당 주식의 현재가격은 2만원인데, 매년 주식가격이 10% 상승하거나 10% 하락하는 이항과정을 따른다고 가정한다. 또한 시장의 무위험이자율은 연 6%로 향후 변동이 없으며, 시장에는 어떠한 차익거래의 기회도 없다고 가정한다.

(1) ㈜태백의 주식을 100주 보유한 투자자가 이 주식을 기초자산으로 하고 행사가격이 19,000원이며, 잔존만기가 1년인 유럽식 표준형 풋옵션을 이용하여 무위험포트폴리오를 만들고자 한다. 풋옵션을 얼마나 매수 또는 매도해야 하는가?

(2) 위의 (1)에 제시된 풋옵션 1개의 적정 가치를 구하시오.

해 설

(1) 헤지포트폴리오

1) 1년 후 만기가치

$S_u = 20,000 \times 1.10 = 22,000 \Rightarrow P_u = \max[0, 19,000 - 22,000] = 0$

$S_d = 20,000 \times 0.90 = 18,000 \Rightarrow P_d = \max[0, 19,000 - 18,0000] = 1,000$

2) 헤지포트폴리오

주식 1개를 매수하고 풋옵션 m개 매수 $\rightarrow H = S + m \times P$

$m = -\dfrac{S_u - S_d}{P_u - P_d} = -\dfrac{22,000 - 18,000}{0 - 1,000} = 4$

∴ 풋옵션 400개를 매수한다.

(2) 풋옵션의 균형가격

1) 위험중립접근방법

$u=1.1, \quad d=0.9, \quad p = \dfrac{1.06 - 0.9}{1.1 - 0.9} = 0.8$

$P = \dfrac{P_u \times p + P_d \times (1-p)}{1 + R_f} = \dfrac{(0.8 \times 0) + (0.2 \times 1,000)}{1.06} = 188.68원$

2) 헤지포트폴리오 접근방법

$20,000 + 4 \times P = 22,000/1.06 \Rightarrow P = 188.68원$

㈜마바의 현재 주당 가격은 10,000원이다. 주가변동은 이항분포를 따르는데 1년 후 주가가 상승하여 12,000원이 될 확률은 60%, 주가가 하락하여 7,000원이 될 확률은 40%이다. 투자 자는 위험 중립적이고 무위험이자율은 10%이며 ㈜마바 주식을 기초자산으로 하는 1년 만기 유럽형 콜옵션과 풋옵션의 행사가격은 10,000원으로 동일하다.

(1) 헤지포트폴리오를 구성하여 현재의 콜옵션가치를 계산하라.
(2) 기초주식과 무위험채권을 이용하여 콜옵션을 보유한 것과 동일한 포트폴리오를 구성하고 현재 콜옵 션 가격이 1,600원일 때 차익거래전략을 현재와 만기 두 시점별 현금흐름의 관점에서 제시하라.

해설

(1) 헤지포트폴리오

$S_u = 10,000 \times 1.12 = 12,000 \Rightarrow C_u = \max[0, 12,000-10,000] = 2,000$

$S_d = 10,000 \times 0.7 = 7,000 \quad \Rightarrow C_d = \max[0, 7,000-10,000] = 0$

주식 1개를 매수하고 콜옵션 m개 매수 $\rightarrow H = S + m \times C$

$m = -\dfrac{S_u - S_d}{C_u - C_d} = -\dfrac{12,000-7,000}{2,000-0} = -2.5$

$10,000 - 2.5 \times C = 10,000/1.10 \Rightarrow C = 1,455원$

(2) 복제포트폴리오

주식 a개와 채권을 매수한 포트폴리오로 콜옵션을 복제 $\rightarrow R_p = a \times S + B$

$C_u = aS_u + B \times (1+R_f)^1 \Rightarrow 2,000 = a \times 12,000 + B \times 1.10$

$C_d = aS_d + B \times (1+R_f)^1 \Rightarrow 0 = a \times 7,000 + B \times 1.10$

위의 식을 연립방정식으로 풀면 $a = 0.4$, $B = -2,545원$

$\therefore C = 0.40 \times 10,000 - 2,545 = 1,455원(균형가격)$

콜옵션의 시장가격 1,600원은 균형가격보다 145원 과대평가

차익거래 (콜옵션 매도, 복제포트폴리오 매수)

$\Rightarrow$ 콜옵션 1개 발행, 주식 0.4개 매입, 2,545원 차입

현재시점에서의 차익 = 1,600 − 1,455 = 145원

주가상승시 만기가치 = −2,000 + 0.4 × 12,000 − 2,545 × 1.10 = 0

주가하락시 만기가치 = −0 + 0.4 × 7,000 − 2,545 × 1.10 = 0

문제 16   (2017, 2차)

현재 주가는 10,000원이고 매년 20%씩 상승하거나 또는 하락하는 이항분포를 따른다고 가정하자. 무위험이자율은 연간 5%이고 주식은 배당을 지급하지 않는다. 1기간 이항모형을 이용하여 답하시오.

(1) 만기가 1년이고 행사가격이 10,000원인 유럽형 풋옵션을 포함한 방어풋 포트폴리오를 구성하는데 들어가는 비용과 1년 후 시점에서 주가가 상승하였을 때와 하락하였을 때 포트폴리오의 가치를 구하시오.
(2) 방어풋 전략 대신 포트폴리오 보험전략을 시행하려고 한다. 현재시점에서의 주식의 개수와 무위험채권의 금액을 구하시오.
(3) 만기가 1년이고 행사가격이 10,000원인 콜옵션을 이용한 포트폴리오 보험전략의 구성에 대해서 설명하시오. 또, 1년 후 시점에서 주가가 상승하였을 때와 하락하였을 때 포트폴리오의 가치를 구하시오.

해 설

(1) 주식의 위험중립확률

    u=1.2, d=0.8 $\Rightarrow p = \dfrac{1.05-0.8}{1.2-0.8} = 0.625$

    1기간 말 이항분포

    $S_u = 10,000 \times 1.2 = 12,000 \Rightarrow P_u = \max[0,\ 10,000-12,000] = 0$
    $S_d = 10,000 \times 0.8 = 8,000 \Rightarrow P_d = \max[0,\ 10,000-8,000] = 2,000$

    풋옵션의 현재가격

    $P = \dfrac{P_u \times p + P_d \times (1-p)}{1+R_f} = \dfrac{0 \times 0.625 + 2,000 \times 0.375}{1.05} = 714.29$원

    방어풋 투자금액
    S+P = 10,000 + 714 = 10,714원

    1년 후 방어풋의 가치
    주가상승시: 12,000 + 0 = 12,000
    주가하락시: 8,000 + 2,000 = 10,000

(2) 풋옵션의 델타를 이용한 포트폴리오 보험

    포트폴리오 보험 R은 보호풋 복제포트폴리오이므로 1년 후 만기가치가 보호풋과 일치하여야 한다.

$\text{R} = \text{aS} + \text{B}$

$S_u + P_u = R_u = aS_u + B(1 + R_f) = \text{a} \times 12,000 + \text{B} \times 1.05 = 12,000$

$S_d + P_d = R_d = aS_d + B(1 + R_f) = \text{a} \times 8,000 + \text{B} \times 1.05 = 10,000$

위의 식을 연립방정식으로 풀면 a = 0.5, B = 5,714원

∴ 주식을 0.5개 매입하고 5,714원 채권을 매입한다.

(3) 1기간 말 이항분포

$S_u = 10,000 \times 1.2 = 12,000 \Rightarrow C_u = \max[0, \ 12,000 - 10,000] = 2,000$

$S_d = 10,000 \times 0.8 = 8,000 \Rightarrow C_d = \max[0, \ 8,000 - 10,000] = 0$

콜옵션의 현재가격

$$C = \frac{C_u \times p + C_d \times (1 - p)}{1 + R_f} = \frac{2,000 \times 0.625 + 0 \times 0.375}{1.05} = 1,190.48원$$

풋-콜 패리티를 이용하여 방어풋의 복제포트폴리오를 구성한다.

$$S + P = C + PV(X) = 1,190 + 10,000/1.05 = 10,714원$$

즉, 콜옵션을 1개 매입하고 9,524원 채권을 매입한다.

1년 후 포트폴리오 가치

주가상승시: $2,000 + 9,524 \times 1.05 = 12,000$

주가하락시: $0 + 9,524 \times 1.05 = 10,000$

문제 17

셀트리온 제약회사는 1기간 전에 신약품 연구업체에 50억원을 투자하였다. 그 투자는 1기간 후에 결과가 나오며, 400억원을 추가투자 할 경우 신약생산에 들어가 추가투자한 후 1기간 후에 투자안의 가치는 70%의 확률로 600억원이고, 30%의 확률로 100억원이다. 이항옵션모형을 이용하여 다음 물음에 답하라 (단, 이 투자안의 할인율은 50%이고, 무위험이자율은 20%이며, 각 물음은 독립적이다).

(1) 현재시점에서 이 투자안의 NPV는 얼마인가?
(2) 제약회사는 이러한 신약생산을 1기간 연기할 수 있는 기회가 있을 때 신약생산 투자안에 투자하겠는가? 또한 이러한 연기옵션의 가치는 얼마인가? 단, 연기에 따른 기회비용은 없다고 가정한다.
(3) 제약회사는 이러한 신약생산 투자안을 1년 후에 360억원으로 처분할 수 있는 기회가 있을 때 신약생산 투자안에 투자하겠는가? 이 처분기회의 가격은 얼마인가?

해설

(1) 옵션이 없는 경우 투자안 순현가

$$NPV = \frac{0.7 \times 600억 + 0.3 \times 100억}{1.5} - 400억 = -100억$$

※ 50억원은 매몰비용이므로 고려하지 않는다.

(2) 연기옵션이 있는 경우 투자안 가치
   ① 기초자산의 위험중립확률
      기초자산의 상승계수와 하락계수는 시장가격 400억원이 아닌 균형가격 300억원을 기준으로 구한다.
      $$u = 600/300 = 2, \ d = 100/300 = 1/3 \ \Rightarrow \ p = \frac{1.2 - 1/3}{2 - 1/3} = 0.52$$

   ② 투자안 NPV의 이항모형
      투자안의 가치가 상승한 경우 NPV : $NPV_u = \max[0, \ 600 - 400] = 200$
      투자안의 가치가 하락한 경우 NPV : $NPV_d = \max[0, \ 100 - 400] = 0$

   ③ 1기간 연기할 수 있는 기회가 있을 때의 투자안의 순현가

      $$NPV = \frac{0.52 \times 200 + 0.48 \times 0}{1.2} = 86.67억$$

④ 연기옵션의 가치

　　=옵션이 있는 투자안의 NPV−옵션이 없는 투자안의 NPV

　　=86.67억−(−100억)=186.67억원

(3) 처분기회가 있는 경우 투자안 가치

　　① 기초자산의 위험중립확률: p=0.52

　　② 투자안의 이항모형

　　　　투자안의 가치가 상승한 경우 투자안의 가치 : $V_u = \max[600, 360] = 600$

　　　　투자안의 가치가 하락한 경우 투자안의 가치 : $V_d = \max[100, 360] = 360$

　　③ 처분기회가 있을 때의 투자안의 순현가

$$NPV = \frac{0.52 \times 600 + 0.48 \times 360}{1.2} - 400 = 4억$$

　　④ 처분기회의 가치

　　　　=옵션이 있는 투자안의 NPV−옵션이 없는 투자안의 NPV

　　　　=4억−(−100억)=104억원

※ 투자안의 할인율인 자본비용(50%)은 연기옵션이 있는 경우와 처분기회가 있는 경우 투자안의 위험조정할인율로 사용할 수 없다. 기초자산과 옵션은 위험이 다르기 때문에 기초자산의 위험조정할인율을 옵션의 위험조정할인율로 사용할 수 없다.

문제 18

㈜신생은 초기투자비용이 1,100만원인 사업에 대한 투자를 고려하고 있다. 이 사업의 1년 후 현금흐름은 다음과 같으며, 현재 무위험이자율은 10%이다.

상 황	확 률	1년 후 현금흐름
호황	60%	1,800만원
불황	40%	800만원

㈜신생은 이 투자안의 평가를 위해 주식시장의 자료를 사용하기로 하고, 재무위험이 동일한 ㈜벤치를 대용기업으로 선정하였다. ㈜벤치의 현재 주가는 24,560원이다. 이 주식의 1년 후 주가는 호황일 경우 36,000원이고 불황일 경우 16,000원이며, 그 가능성은 각각 60%와 40% 이다. 단, 현재 주식시장은 효율적 시장이라고 가정한다.

(1) ㈜신생이 고려하고 있는 투자안에 대한 적절한 할인율과 투자안의 NPV를 구하시오.

(2) ㈜신생에게 투자결정을 1년 연기할 수 있는 옵션이 주어졌으며, 1년 후 현금흐름을 확실히 알 수 있다고 한다. 1년을 연기하여 투자하는 경우 투자비용은 10% 증가하며, 현금흐름 1,800만원 또는 800만원은 2년 후(t=2) 발생한다. 위 옵션의 가치를 구하시오.

(3) 정부는 1년 후 불황일 경우 이 사업을 1,800만원에 인수할 것을 보증하였다. 정부보증의 가치를 구하시오.

(4) ㈜신생은 1년 후 다음과 같은 실물옵션들을 행사할 수 있다고 한다.

> • 추가적으로 500만원을 투자하여 현금흐름을 30% 증가시킬 수 있음.
> • 1년 후 이 투자안을 초기투자비용의 75%를 받고 처분할 수 있음.

이와 같은 실물옵션들을 고려할 경우 투자안의 NPV를 구하시오.

해설

(1) $k = \dfrac{36000 \times 0.6 + 16000 \times 0.4}{24560} - 1 = 14\%$

$NPV = -1100 + \dfrac{1800 \times 0.6 + 800 \times 0.4}{1.14^1} = 128.07$만원

(2) 위험중립확률 $36000 \times p + 16000 \times 0(1-p) = 24560 \times 1.10 \rightarrow p = 0.5508$

　　1년 후 호황 $NPV = -1100 \times 1.1 + \dfrac{1800}{1.10^1} = 426.36$

　　$NPV = \dfrac{426.36 \times 0.5508 + 0 \times 0.4492}{1.10^1} = 213.49$만원

　　옵션의 가치 $= 213.49 - 128.07 = 85.42$만원

(3) 정부보증하의 $NPV = -1100 + \dfrac{1800}{1.10^1} = 536.46$

　　정부보증의 가치 $= 536.46 - 128.07 = 408.29$만원

(4) ■ 호황인 경우 1년 후의 현금흐름
　　　1) 확장옵션을 행사하는 경우: $1800 \times 1.3 - 500 = 1840$
　　　2) 포기옵션을 행사하는 경우: $1100 \times 0.75 = 825$
　　　3) 호황인 경우 1년 후의 현금흐름 $= \max[1840,\ 825,\ 1800] = 1840$

　　■ 불황인 경우 1년 후의 현금흐름
　　　1) 확장옵션을 행사하는 경우: $800 \times 1.3 - 500 = 540$
　　　2) 포기옵션을 행사하는 경우: $1100 \times 0.75 = 825$
　　　3) 불황인 경우 1년 후의 현금흐름 $= \max[540,\ 825,\ 800] = 825$

　　$\therefore NPV = -1100 + \dfrac{1840 \times 0.5508 + 825 \times 0.4492}{1.10^1} = 158.24$만원

(2020, 2차)

문제 19

㈜대한의 현재 주가는 각각 1,100원이며 주식의 공매가 가능하다. 이 기업은 향후 5년간 배당을 지급하지 않을 계획이다. 무위험이자율은 연 10%로 향후 변동이 없으며 차입과 투자가 가능하다. 거래비용은 없으며, 시장에는 어떠한 차익거래의 기회도 없다고 가정한다.

㈜대한의 주식은 매년 가격이 20% 상승하거나 20% 하락하는 이항과정을 따른다. 이 주식을 기초자산으로 하고 행사가격이 1,100원으로 동일한 다음의 3가지 유형의 옵션들이 현재 시장에서 거래되고 있다.

옵션	구분	만기(년)	옵션프리미엄(원)
A	유럽형 풋	5	21
B	미국형 풋	5	63
C	미국형 콜	5	

옵션 C의 프리미엄을 구하시오. 계산결과는 반올림하여 원 단위로 표시하시오.

해설

무배당주식 : 미국형 콜옵션의 가격 = 유럽형 콜옵션의 가격

옵션 A를 풋-콜 패러티에 대입하여 유럽형 콜옵션의 가격을 구한다.

$$S - C + P = PV(X) \Rightarrow C = S + P - PV(X)$$

$$C = 1,100 + 21 - \frac{1,100}{1.10^5} = 438원$$

∴ 옵션 C의 프리미엄 = 438원

미래기업은 자금조달을 위해 액면가 100,000원, 만기 1년, 표면이자율 2%의 회사채 10만좌를 발행하려고 한다. 미래기업은 이 사채에 대해 신주인수권부 형태의 발행을 고려하고 있다. 신주인수권(warrants)은 사채 1좌당 신주 1주를 10,500원에 인수할 수 있는 권리를 부여할 예정이며 만기에만 행사가 가능하다. 이 사채와 모든 조건이 동일한 일반사채의 만기수익률은 6%이며 무위험이자율은 5%이다. 미래주식의 발행주식수는 100만주이며 주가는 현재 10,000원이다. 주가는 사채발행 직후에도 변화가 없을 것이며 매년 20% 상승하거나 10% 하락할 것으로 예상된다. 미래주식은 향후 1년간 주식에 대한 배당을 실시하지 않을 계획이다.

(1) 신주인수권 행사에 따른 희석효과가 존재하는 경우 신주인수권 1 단위당 가치를 계산하시오.
(2) 신주인수권부사채의 가치를 계산하시오.

해 설

(1) 자료에 주어진 이항분포가 주가이므로 기초자산을 주가로 보는 부분균형적 접근방법을 사용한다.

주식의 위험중립확률

$u = 1.2, \ d = 0.9 \ \Rightarrow \ p = \dfrac{1.05 - 0.9}{1.2 - 0.9} = 0.5$

1기간 말 이항분포

$S_u = 10,000 \times 1.2 = 12,000 \ \Rightarrow \ C_u = \max[0, \ 12,000 - 10,500] = 1,500$

$S_d = 10,000 \times 0.9 = 9,000 \ \Rightarrow \ C_d = \max[0, \ 9,000 - 10,500] = 0$

희석화효과를 고려하지 않은 신주인수권가치

$W^1 = C = \dfrac{C_u \times p + C_d \times (1-p)}{1 + R_f} = \dfrac{1,500 \times 0.5 + 0 \times 0.5}{1.05} = 714.29원$

희석화효과를 고려한 신주인수권가치

$W^2 = W^1 \times \dfrac{N_s}{N_s + N_w} = 714.29 \times \dfrac{100만주}{100만주 + 10만주} = 649.35원$

(2) 일반사채의 가치 $= 102,000 / 1.06 \times 100,000 = 962,264만원$

신주인수권의 가치 $= 649.35원 \times 100,000 = 6,494만원$

전환사채 $=$ 일반사채 $+$ 전환권의 가치

$= 962,264만원 + 6,494만원 = 968,758원$

문제 21

현재 A주식 5,000주를 보유하고 있는 투자자가 옵션을 이용하여 헤지를 하고자 한다. 현재 A주식의 베타는 1.5이며 주가는 40,000원이다. 개별주식 옵션과 주가지수 옵션의 내역은 다음과 같다.

① 개별주식 옵션
 − 기초자산 : A주식
 − 1계약의 거래단위 : 10주
 − 행사가격 40,000원의 콜옵션의 가격 : 5,000원(델타=0.7)
 − 행사가격 40,000원의 풋옵션의 가격 : 3,000원

② 주가지수 옵션
 − 기초자산 : KOSPI 200
 − 1포인트 : 25만원
 − KOSPI 200의 현재가격 : 250포인트
 − 행사가격 250포인트의 콜옵션의 가격 : 10포인트(델타=0.8)
 − 행사가격 250포인트의 풋옵션의 가격 : 7포인트

(1) 개별주식 콜옵션을 이용하여 헤지를 한다면 몇 계약이 어떻게 필요한가?
(2) 개별주식 풋옵션을 이용하여 헤지를 한다면 몇 계약이 어떻게 필요한가?
(3) 주가지수 콜옵션을 이용하여 헤지를 한다면 몇 계약이 어떻게 필요한가?
(4) 주가지수 풋옵션을 이용하여 헤지를 한다면 몇 계약이 어떻게 필요한가?

해설

(1) 개별주식 콜옵션을 이용한 직접헤지

$$m = -\frac{1}{\Delta_c} = -\frac{1}{0.7} = -1.4286$$

$$N = m \times \frac{Q_T}{Q_c} = \frac{5,000주}{10주} \times -1.4285 = -714.25개$$

∴ 개별주식 콜옵션을 714계약 매도한다.

(2) 개별주식 풋옵션을 이용한 직접헤지

$1 - \Delta_c + \Delta_p = 0 \Rightarrow 1 - 0.7 + \Delta_p = 0 \rightarrow \Delta_p = -0.3$

$m = -\dfrac{1}{\Delta_p} = -\dfrac{1}{-0.3} = +3.3333$

$N = m \times \dfrac{Q_T}{Q_c} = \dfrac{5,000주}{10주} \times 3.3333 = 1,666.65개$

∴ 개별주식 풋옵션을 1,667계약 매수한다.

(3) 주가지수 콜옵션을 이용한 교차헤지

$N = -\dfrac{1}{\Delta_c} \times \beta_{TS} \times \dfrac{V_T}{V_s} = -\dfrac{1}{0.8} \times 1.5 \times \dfrac{5,000주 \times 40,000원}{250포인트 \times 250,000원} = -6.00$

∴ 주가지수 콜옵션을 6계약 매도한다.

(4) 주가지수 풋옵션을 이용한 교차헤지

$1 - \Delta_c + \Delta_p = 0 \Rightarrow 1 - 0.8 + \Delta_p = 0 \rightarrow \Delta_p = -0.2$

$N = -\dfrac{1}{\Delta_c} \times \beta_{TS} \times \dfrac{V_T}{V_s} = -\dfrac{1}{-0.2} \times 1.5 \times \dfrac{5,000주 \times 40,000원}{250포인트 \times 250,000원} = +24$

∴ 주가지수 풋옵션을 24계약 매수한다.

SMART

심화 재무관리

부록

Time table

- 미래가치요소 (FVIF : Future Value Interest Factor)

- 연금의 미래가치요소 (FVIFA : FVIF for annuity)

- 현재가치요소 (PVIF : Present Value Interest Factor)

- 연금의 현재가치요소 (PVIFA : PVIF for annuity)

1 미래가치요소(FVIF : Future Value Interest Factor)

$$FVIF = (1 + i)^n \ (n = 기간, \ i = 기간당 \ 할인율)$$

n/i	1.0	2.0	3.0	4.0	5.0	6.0	7.0	8.0	9.0	10.0
1	1.01000	1.02000	1.03000	1.04000	1.05000	1.06000	1.07000	1.08000	1.09000	1.10000
2	1.02010	1.04040	1.06090	1.08160	1.10250	1.12360	1.14490	1.16640	1.18810	1.21000
3	1.03030	1.06121	1.09273	1.12486	1.15762	1.19102	1.22504	1.25971	1.29503	1.33100
4	1.04060	1.08243	1.12551	1.16986	1.21551	1.26248	1.31080	1.36049	1.41158	1.46410
5	1.05101	1.10408	1.15927	1.21665	1.27628	1.33823	1.40255	1.46933	1.53862	1.61051
6	1.06152	1.12616	1.19405	1.26532	1.34010	1.41852	1.50073	1.58687	1.67710	1.77156
7	1.07214	1.14869	1.22987	1.31593	1.40710	1.50363	1.60578	1.71382	1.82804	1.94872
8	1.08286	1.17166	1.26677	1.36857	1.47746	1.59385	1.71819	1.85093	1.99256	2.14359
9	1.09369	1.19509	1.30477	1.42331	1.55133	1.68948	1.83846	1.99900	2.17189	2.35795
10	1.10462	1.21899	1.34392	1.48024	1.62889	1.79085	1.96715	2.15892	2.36736	2.59374
11	1.11567	1.24337	1.38423	1.53945	1.71034	1.89830	2.10485	2.33164	2.58043	2.85312
12	1.12682	1.26824	1.42576	1.60103	1.79586	2.01220	2.25219	2.51817	2.81266	3.13843
13	1.13809	1.29361	1.46853	1.66507	1.88565	2.13293	2.40984	2.71962	3.06580	3.45227
14	1.14947	1.31948	1.51259	1.73168	1.97993	2.26090	2.57853	2.93719	3.34173	3.79750
15	1.16097	1.34587	1.55797	1.80094	2.07893	2.39656	2.75903	3.17217	3.64248	4.17725
16	1.17258	1.37279	1.60471	1.87298	2.18287	2.54035	2.95216	3.42594	3.97030	4.59497
17	1.18430	1.40024	1.65285	1.94790	2.29202	2.69277	3.15881	3.70002	4.32763	5.05447
18	1.19615	1.42825	1.70243	2.02582	2.40662	2.85434	3.37993	3.99602	4.71712	5.55992
19	1.20811	1.45681	1.75351	2.10685	2.52695	3.02560	3.61653	4.31570	5.14166	6.11591
20	1.22019	1.48595	1.80611	2.19112	2.65330	3.20713	3.86968	4.66096	5.60441	6.72750

n/i	11.0	12.0	13.0	14.0	15.0	16.0	17.0	18.0	19.0	20.0
1	1.11000	1.12000	1.13000	1.14000	1.15000	1.16000	1.17000	1.18000	1.19000	1.20000
2	1.23210	1.25440	1.27690	1.29960	1.32250	1.34560	1.36890	1.39240	1.41610	1.44000
3	1.36763	1.40493	1.44290	1.48154	1.52087	1.56090	1.60161	1.64303	1.68516	1.72800
4	1.51807	1.57352	1.63047	1.68896	1.74901	1.81064	1.87389	1.93878	2.00534	2.07360
5	1.68506	1.76234	1.84244	1.92541	2.01136	2.10034	2.19245	2.28776	2.38635	2.48832
6	1.87041	1.97382	2.08195	2.19497	2.31306	2.43640	2.56516	2.69955	2.83976	2.98598
7	2.07616	2.21068	2.35261	2.50227	2.66002	2.82622	3.00124	3.18547	3.37931	3.58318
8	2.30454	2.47596	2.65844	2.85259	3.05902	3.27841	3.51145	3.75886	4.02138	4.29982
9	2.55804	2.77308	3.00404	3.25195	3.51788	3.80296	4.10840	4.43545	4.78545	5.15978
10	2.83942	3.10585	3.39457	3.70722	4.04556	4.41143	4.80683	5.23383	5.69468	6.19173
11	3.15176	3.47855	3.83586	4.22623	4.65239	5.11726	5.62399	6.17592	6.77667	7.43008
12	3.49845	3.89598	4.33452	4.81790	5.35025	5.93603	6.58007	7.28759	8.06424	8.91610
13	3.88328	4.36349	4.89801	5.49241	6.15279	6.88579	7.69868	8.59936	9.59645	10.69932
14	4.31044	4.88711	5.53475	6.26135	7.07570	7.98752	9.00745	10.14724	11.41977	12.83918
15	4.78459	5.47356	6.25427	7.13794	8.13706	9.26552	10.53872	11.97374	13.58953	15.40701
16	5.31089	6.13039	7.06732	8.13725	9.35762	10.74800	12.33030	14.12902	16.17154	18.48842
17	5.89509	6.86604	7.98608	9.27646	10.76126	12.46768	14.42645	16.67224	19.24413	22.18610
18	6.54355	7.68996	9.02427	10.57517	12.37545	14.46251	16.87895	19.67324	22.90051	26.62332
19	7.26334	8.61276	10.19742	12.05569	14.23177	16.77651	19.74837	23.21443	27.25161	31.94798
20	8.06231	9.64629	11.52309	13.74348	16.36653	19.46075	23.10559	27.39302	32.42941	38.33758

2 연금의 미래가치요소(FVIFA : FVIF for annuity)

$$FVIFA = \frac{(1+i)^n - 1}{i}$$

n/i	1.0	2.0	3.0	4.0	5.0	6.0	7.0	8.0	9.0	10.0
1	1.00000	1.00000	1.00000	1.00000	1.00000	1.00000	1.00000	1.00000	1.00000	1.00000
2	2.01000	2.02000	2.03000	2.04000	2.04500	2.06000	2.07000	2.08000	2.09000	2.10000
3	3.03010	3.06040	3.09090	3.12160	3.13702	3.18360	3.21490	3.24640	3.27810	3.31000
4	4.06040	4.12161	4.18363	4.24646	4.27819	4.37462	4.43994	4.50611	4.57313	4.64100
5	5.10100	5.20404	5.30914	5.41632	5.47071	5.63709	5.75074	5.86660	5.98471	6.10510
6	6.15201	6.30812	6.46841	6.63298	6.71689	6.97532	7.15329	7.33593	7.52333	7.71561
7	7.21353	7.43428	7.66246	7.89829	8.01915	8.39384	8.65402	8.92280	9.20043	9.48717
8	8.28567	8.58297	8.89234	9.21423	9.38001	9.89747	10.25980	10.63663	11.02847	11.43589
9	9.36853	9.75463	10.15911	10.58279	10.80211	11.49132	11.97799	12.48756	13.02104	13.57948
10	10.46221	10.94972	11.46388	12.00611	12.28821	13.18079	13.81645	14.48656	15.19293	15.93742
11	11.56683	12.16871	12.80779	13.48635	13.84118	14.97164	15.78360	16.64549	17.56029	18.53117
12	12.68250	13.41209	14.19203	15.02580	15.46403	16.86994	17.88845	18.97713	20.14072	21.38428
13	13.80933	14.68033	15.61779	16.62684	17.15991	18.88214	20.14064	21.49530	22.95338	24.52271
14	14.94742	15.97394	17.08632	18.29191	18.93211	21.01506	22.55049	24.21492	26.01919	27.97498
15	16.09689	17.29342	18.59891	20.02359	20.78405	23.27597	25.12902	27.15211	29.36091	31.77248
16	17.25786	18.63928	20.15688	21.82453	22.71933	25.67252	27.88805	30.32428	33.00339	35.94973
17	18.43044	20.01207	21.76158	23.69751	24.74170	28.21287	30.84021	33.75022	36.97370	40.54470
18	19.61474	21.41231	23.41443	25.64541	26.85508	30.90565	33.99903	37.45024	41.30133	45.59917
19	20.81089	22.84056	25.11686	27.67123	29.06356	33.75998	37.37896	41.44626	46.01845	51.15908
20	22.01900	24.29737	26.87037	29.77807	31.37142	36.78558	40.99549	45.76196	51.16011	57.27499

n/i	11.0	12.0	13.0	14.0	15.0	16.0	17.0	18.0	19.0	20.0
1	1.00000	1.00000	1.00000	1.00000	1.00000	1.00000	1.00000	1.00000	1.00000	1.00000
2	2.11000	2.12000	2.13000	2.14000	2.15000	2.16000	2.17000	2.18000	2.19000	2.20000
3	3.34210	3.37440	3.40690	3.43960	3.47250	3.50560	3.53890	3.57240	3.60610	3.64000
4	4.70973	4.77933	4.84980	4.92114	4.99337	5.06650	5.14051	5.21543	5.29126	5.36800
5	6.22780	6.35285	6.48027	6.61010	6.74238	6.87714	7.01440	7.15421	7.29660	7.44160
6	7.91286	8.11519	8.32271	8.53552	8.75374	8.97748	9.20685	9.44197	9.68295	9.92992
7	9.78327	10.08901	10.40466	10.73049	11.06680	11.41387	11.77201	12.14152	12.52271	12.91590
8	11.85943	12.29969	12.75726	13.23276	13.72682	14.24009	14.77325	15.32699	15.90203	16.49908
9	14.16397	14.77566	15.41571	16.08535	16.78584	17.51851	18.28471	19.08585	19.92341	20.79890
10	16.72201	17.54873	18.41975	19.33729	20.30372	21.32147	22.39311	23.52131	24.70886	25.95868
11	19.56143	20.65458	21.81432	23.04451	24.34927	25.73290	27.19993	28.75514	30.40354	32.15041
12	22.71318	24.13313	25.65018	27.27074	29.00166	30.85016	32.82392	34.93106	37.18021	39.58049
13	26.21163	28.02911	29.98470	32.08865	34.35191	36.78619	39.40399	42.21865	45.24445	48.49659
14	30.09491	32.39260	34.88271	37.58106	40.50470	43.67198	47.10266	50.81801	54.84090	59.19591
15	34.40535	37.27971	40.41746	43.84241	47.58041	51.65949	56.11012	60.96525	66.26067	72.03509
16	39.18994	42.75327	46.67173	50.98034	55.71747	60.92501	66.64883	72.93899	79.85019	87.44210
17	44.50083	48.88367	53.73906	59.11759	65.07508	71.67301	78.97913	87.06801	96.02173	105.93052
18	50.39592	55.74971	61.72513	68.39405	75.83635	84.14069	93.40559	103.74025	115.26585	128.11662
19	56.93947	63.43967	70.74940	78.96922	88.21180	98.60320	110.28453	123.41349	138.16636	154.73994
20	64.20282	72.05243	80.94682	91.02491	102.44357	115.37971	130.03290	146.62792	165.41797	186.68792

3 현재가치요소(PVIF : Present Value Interest Factor)

$$PVIF = \frac{1}{(1+i)^n} \ (n = 기간, \ i = 기간당 \ 할인율)$$

n/i	1.0	2.0	3.0	4.0	5.0	6.0	7.0	8.0	9.0	10.0
1	0.99010	0.98039	0.97087	0.96154	0.95238	0.94340	0.93458	0.92593	0.91743	0.90909
2	0.98030	0.96117	0.94260	0.92456	0.90703	0.89000	0.87344	0.85734	0.84168	0.82645
3	0.97059	0.94232	0.91514	0.88900	0.86384	0.83962	0.81630	0.79383	0.77218	0.75131
4	0.96098	0.92385	0.88849	0.85480	0.82270	0.79209	0.76290	0.73503	0.70843	0.68301
5	0.95147	0.90573	0.86261	0.82193	0.78353	0.74726	0.71299	0.68058	0.64993	0.62092
6	0.94205	0.88797	0.83748	0.79031	0.74622	0.70496	0.66634	0.63017	0.59627	0.56447
7	0.93272	0.87056	0.81309	0.75992	0.71068	0.66506	0.62275	0.58349	0.54703	0.51316
8	0.92348	0.85349	0.78941	0.73069	0.67684	0.62741	0.58201	0.54027	0.50187	0.46651
9	0.91434	0.83676	0.76642	0.70259	0.64461	0.59190	0.54393	0.50025	0.46043	0.42410
10	0.90529	0.82035	0.74409	0.67556	0.61391	0.55839	0.50835	0.46319	0.42241	0.38554
11	0.89632	0.80426	0.72242	0.64958	0.58468	0.52679	0.47509	0.42888	0.38753	0.35049
12	0.88745	0.78849	0.70138	0.62460	0.55684	0.49697	0.44401	0.39711	0.35553	0.31863
13	0.87866	0.77303	0.68095	0.60057	0.53032	0.46884	0.41496	0.36770	0.32618	0.28966
14	0.86996	0.75788	0.66112	0.57748	0.50507	0.44230	0.38782	0.34046	0.29925	0.26333
15	0.86135	0.74301	0.64186	0.55526	0.48102	0.41727	0.36245	0.31524	0.27454	0.23939
16	0.85282	0.72845	0.62317	0.53391	0.45811	0.39365	0.33873	0.29189	0.25187	0.21763
17	0.84438	0.71416	0.60502	0.51337	0.43630	0.37136	0.31657	0.27027	0.23107	0.19784
18	0.83602	0.70016	0.58739	0.49363	0.41552	0.35034	0.29586	0.25025	0.21199	0.17986
19	0.82774	0.68643	0.57029	0.47464	0.39573	0.33051	0.27651	0.23171	0.19449	0.16351
20	0.81954	0.67297	0.55368	0.45639	0.37689	0.31180	0.25842	0.21455	0.17843	0.14864

n/i	11.0	12.0	13.0	14.0	15.0	16.0	17.0	18.0	19.0	20.0
1	0.90090	0.89286	0.88496	0.87719	0.86957	0.86207	0.85470	0.84746	0.84034	0.83333
2	0.81162	0.79719	0.78315	0.76947	0.75614	0.74316	0.73051	0.71818	0.70616	0.69444
3	0.73119	0.71178	0.69305	0.67497	0.65752	0.64066	0.62437	0.60863	0.59342	0.57870
4	0.65873	0.63552	0.61332	0.59208	0.57175	0.55229	0.53365	0.51579	0.49867	0.48225
5	0.59345	0.56743	0.54276	0.51937	0.49718	0.47611	0.45611	0.43711	0.41905	0.40188
6	0.53464	0.50663	0.48032	0.45559	0.43233	0.41044	0.38984	0.37043	0.35214	0.33490
7	0.48166	0.45235	0.42506	0.39964	0.37594	0.35383	0.33320	0.31393	0.29592	0.27908
8	0.43393	0.40388	0.37616	0.35056	0.32690	0.30503	0.28478	0.26604	0.24867	0.23257
9	0.39092	0.36061	0.33288	0.30751	0.28426	0.26295	0.24340	0.22546	0.20897	0.19381
10	0.35218	0.32197	0.29459	0.26974	0.24718	0.22668	0.20804	0.19106	0.17560	0.16151
11	0.31728	0.28748	0.26070	0.23662	0.21494	0.19542	0.17781	0.16192	0.14757	0.13459
12	0.28584	0.25668	0.23071	0.20756	0.18691	0.16846	0.15197	0.13722	0.12400	0.11216
13	0.25751	0.22917	0.20416	0.18207	0.16253	0.14523	0.12989	0.11629	0.10421	0.09346
14	0.23199	0.20462	0.18068	0.15971	0.14133	0.12520	0.11102	0.09855	0.08757	0.07789
15	0.20900	0.18270	0.15989	0.14010	0.12289	0.10793	0.09489	0.08352	0.07359	0.06491
16	0.18829	0.16312	0.14150	0.12289	0.10686	0.09304	0.08110	0.07078	0.06184	0.05409
17	0.16963	0.14564	0.12522	0.10780	0.09293	0.08021	0.06932	0.05998	0.05196	0.04507
18	0.15282	0.13004	0.11081	0.09456	0.08081	0.06914	0.05925	0.05083	0.04367	0.03756
19	0.13768	0.11611	0.09806	0.08295	0.07027	0.05961	0.05064	0.04308	0.03670	0.03130
20	0.12403	0.10367	0.08678	0.07276	0.06110	0.05139	0.04328	0.03651	0.03084	0.02608

4 연금의 현재가치요소(PVIFA : PVIF for annuity)

$$PVIFA = \frac{1 - \dfrac{1}{(1+i)^n}}{i}$$

n/i	1.0	2.0	3.0	4.0	5.0	6.0	7.0	8.0	9.0	10.0
1	0.99010	0.98039	0.97087	0.96154	0.95238	0.94340	0.93458	0.92593	0.91743	0.90909
2	1.97039	1.94156	1.91347	1.88609	1.85941	1.83339	1.80802	1.78326	1.75911	1.73554
3	2.94098	2.88388	2.82861	2.77509	2.72325	2.67301	2.62432	2.57710	2.53129	2.48685
4	3.90197	3.80773	3.71710	3.62990	3.54595	3.46511	3.38721	3.31213	3.23972	3.16987
5	4.85343	4.71346	4.57971	4.45182	4.32948	4.21236	4.10020	3.99271	3.88965	3.79079
6	5.79548	5.60143	5.41719	5.24214	5.07569	4.91732	4.76654	4.62288	4.48592	4.35526
7	6.72819	6.47199	6.23028	6.00206	5.78637	5.58238	5.38929	5.20637	5.03295	4.86842
8	7.65168	7.32548	7.01969	6.73275	6.46321	6.20979	5.97130	5.74664	5.53482	5.33493
9	8.56602	8.16224	7.78611	7.43533	7.10782	6.80169	6.51523	6.24689	5.99525	5.75902
10	9.47130	8.98259	8.53020	8.11090	7.72174	7.36009	7.02358	6.71008	6.41766	6.14457
11	10.36763	9.78685	9.25262	8.76048	8.30642	7.88687	7.49867	7.13896	6.80519	6.49506
12	11.25508	10.57534	9.95400	9.38507	8.86325	8.38384	7.94269	7.53608	7.16073	6.81369
13	12.13374	11.34837	10.63495	9.98565	9.39357	8.85268	8.35765	7.90378	7.48690	7.10336
14	13.00370	12.10625	11.29607	10.56312	9.89864	9.29498	8.74547	8.24424	7.78615	7.36669
15	13.86505	12.84926	11.93793	11.11839	10.37966	9.71225	9.10791	8.55948	8.06069	7.60608
16	14.71787	13.57771	12.56110	11.65230	10.83777	10.10590	9.44665	8.85137	8.31256	7.82371
17	15.56225	14.29187	13.16612	12.16567	11.27407	10.47726	9.76322	9.12164	8.54363	8.02155
18	16.39827	14.99203	13.75351	12.65930	11.68959	10.82760	10.05909	9.37189	8.75563	8.20141
19	17.22601	15.67846	14.32380	13.13394	12.08532	11.15812	10.33560	9.60360	8.95011	8.36492
20	18.04555	16.35143	14.87747	13.59033	12.46221	11.46992	10.59401	9.81815	9.12855	8.51356

n/i	11.0	12.0	13.0	14.0	15.0	16.0	17.0	18.0	19.0	20.0
1	0.90090	0.89286	0.88496	0.87719	0.86957	0.86207	0.85470	0.84746	0.84034	0.83333
2	1.71252	1.69005	1.66810	1.64666	1.62571	1.60523	1.58521	1.56564	1.54650	1.52778
3	2.44371	2.40183	2.36115	2.32163	2.28323	2.24589	2.20959	2.17427	2.13992	2.10648
4	3.10245	3.03735	2.97447	2.91371	2.85498	2.79818	2.74324	2.69006	2.63859	2.58873
5	3.69590	3.60478	3.51723	3.43308	3.35216	3.27429	3.19935	3.12717	3.05764	2.99061
6	4.23054	4.11141	3.99755	3.88867	3.78448	3.68474	3.58918	3.49760	3.40978	3.32551
7	4.71220	4.56376	4.42261	4.28830	4.16042	4.03857	3.92238	3.81153	3.70570	3.60459
8	5.14612	4.96764	4.79877	4.63886	4.48732	4.34359	4.20716	4.07757	3.95437	3.83716
9	5.53705	5.32825	5.13166	4.94637	4.77158	4.60654	4.45057	4.30302	4.16333	4.03097
10	5.88923	5.65022	5.42624	5.21612	5.01877	4.83323	4.65860	4.49409	4.33894	4.19247
11	6.20652	5.93770	5.68694	5.45273	5.23371	5.02864	4.83641	4.65601	4.48650	4.32706
12	6.49236	6.19437	5.91765	5.66029	5.42062	5.19711	4.98839	4.79323	4.61050	4.43922
13	6.74987	6.42355	6.12181	5.84236	5.58315	5.34233	5.11828	4.90951	4.71471	4.53268
14	6.98187	6.62817	6.30249	6.00207	5.72448	5.46753	5.22930	5.00806	4.80228	4.61057
15	7.19087	6.81086	6.46238	6.14217	5.84737	5.57546	5.32419	5.09158	4.87586	4.67547
16	7.37916	6.97399	6.60388	6.26506	5.95424	5.66850	5.40529	5.16235	4.93770	4.72956
17	7.54879	7.11963	6.72909	6.37286	6.04716	5.74870	5.47461	5.22233	4.98966	4.77463
18	7.70162	7.24967	6.83991	6.46742	6.12797	5.81785	5.53385	5.27316	5.03333	4.81220
19	7.83929	7.36578	6.93797	6.55037	6.19823	5.87746	5.58449	5.31624	5.07003	4.84350
20	7.96333	7.46944	7.02475	6.62313	6.25933	5.92884	5.62777	5.35275	5.10086	4.86958

SMART 심화 재무관리

2020년 07월 20일 초판 1쇄 발행

저 자 | 김용석
편집·디자인 | 유진강(아르케 디자인)
인쇄·제본 | 천광인쇄

펴낸이 | 김용석
펴낸곳 | (주) 이러닝코리아
출판등록 | 제 2016-000021
주 소 | 서울시 금천구 가산동 60-5번지 갑을그레이트밸리 A동 503호
전 화 | 02)2106-8992
팩 스 | 02)2106-8990

ISBN 979-11-89168-20-9   93320